朱元璋传

邓焱中　朱忠进◎编著

中国纺织出版社有限公司

内 容 提 要

朱元璋是历史上有名的乞丐皇帝。这是因为他从小生活困窘，食不果腹，四处乞讨。后来，他失去了父母和哥哥，只能借了一块地埋葬这些亲人。可想而知，朱元璋的生活多么艰难，他的命运又是多么坎坷。为了混口饭吃，他还出家当过和尚，后来依然无法维持生计，这才加入郭子兴的队伍，从此开启了崭新的人生。

本书讲述了朱元璋传奇的一生，既没有过于美化，也没有过于丑化朱元璋的形象，而是以尊重历史为前提，描写了朱元璋曲折的人生和奋斗的历程。

图书在版编目（CIP）数据

朱元璋传 / 邓焱中，朱忠进编著. -- 北京：中国纺织出版社有限公司，2023.3（2025.3重印）
ISBN 978-7-5229-0307-1

Ⅰ.①朱… Ⅱ. ①邓… ②朱… Ⅲ. ①朱元璋（1328-1398）—传记 Ⅳ. ①K827=48

中国国家版本馆CIP数据核字（2023）第019013号

责任编辑：林 启　　责任校对：高 涵　　责任印制：储志伟

中国纺织出版社有限公司出版发行
地址：北京市朝阳区百子湾东里A407号楼　邮政编码：100124
销售电话：010—67004422　传真：010—87155801
http://www.c-textilep.com
中国纺织出版社天猫旗舰店
官方微博 http://weibo.com/2119887771
德富泰（唐山）印务有限公司印刷　各地新华书店经销
2023年3月第1版　2025年3月第2次印刷
开本：880×1230　1/32　印张：6
字数：89千字　定价：49.80元

前　言

明太祖朱元璋是明代的开国皇帝，也是不折不扣的草根皇帝。如果说曾经做过亭长的汉高祖刘邦身世凄惨，卖身为奴的皇帝石勒命运坎坷，那么朱元璋比起他们则有过之而无不及。

朱元璋从祖辈开始就是地地道道的农民，因为国家征收很重的赋税，所以从祖辈起，朱元璋家族的生存就很艰难，苦苦挣扎在社会底层。一年到头，他们尽管辛苦劳作，却非但不能填饱肚子，还会欠下很多官税。正因如此，朱元璋的曾祖父成了拖欠税款者，他的后代们也都无力翻身，只能在淮河流域四处流浪，躲避沉重的赋税和债务。

朱家兄弟姐妹很多，朱元璋排行最小。大一些的哥哥姐姐们都想方设法地谋求生路，朱元璋也尝遍了生活的苦难。为了养活自己，他小小年纪就去地主家里放牛、打杂。虽然生活很苦，总还不至于饿死。但是，好景不长，濠州发生了非常严重的旱灾、蝗灾，而且瘟疫肆虐。才十几天，朱元璋

就相继失去了父亲、大哥和母亲。

他们家根本就没有土地可以埋葬去世的亲人，朱元璋孤苦伶仃，无人可以依靠，只能借了一块土地埋葬了亲人。此后，他饥肠辘辘，只能出家当和尚，混口饭吃。原本，朱元璋以为自己可以在寺庙里生活下去，却没想到寺庙也很快弹尽粮绝，连一口粮食都没有了。这可怎么办呢？朱元璋只好四处化缘。那是隆冬季节，他险些饿死、冻死在路边。从小，朱元璋就饱经磨难，他稚嫩的心灵里充满了对统治者和剥削阶级的仇恨，但是，他根本没有办法与统治者和剥削阶级对抗。他四处流浪化缘，整整过去三年，才又回到庙里。

当时，天下动荡不安。俗话说，乱世出英雄，因而天下群雄四起。汤和力是朱元璋从小一起长大的好伙伴。这个时候，他已经加入了郭子兴的队伍，并且负责为郭子兴招兵买马。一个偶然的机会，他突然想起了朱元璋孤身一人，无牵无挂，因而当即邀请朱元璋也加入郭子兴的队伍。朱元璋从小就喜欢历史，常常研究王朝更迭、天下易主之类的事情。得到汤和力的邀请之后，朱元璋不由得心动起来，却又因为一些原因而犹豫。经过慎重的思考和全面的衡量，朱元璋最终决定加入红巾军。他非常聪明，能够随机应变地处理问题，在战斗中的表现也非常勇猛。为此，郭子兴很快就留意到朱元璋，而且想要重用朱元璋。得到郭子兴的赏识，朱元璋的人生目标不仅是吃饱肚子那么简单了，他渐渐地树立了远大的志向，梦想着自己在未来的某一天也能和郭子兴一样成为一方之主。然而，直至此时此刻，朱元璋还是没有根基，他只能暗生潜长，在夹缝中求得生存。对于他而言，目前生存仍然是当务之急，只有为自己谋取一席之地，他才能找到机会展现自身的能力。

朱元璋的成长，是他在与生活较量的过程中，才慢慢积累起来的。当民族矛盾日益尖锐，阶级斗争日益激化，社会形势变得更加复杂时，朱元璋很难分清楚敌我，也很难把控斗争的方向。等到郭子兴去世之后，他终于找到机会施展拳脚。在自立门户之后，他不得不独自面对很多复杂的情况，因而性格变得越来越残暴。

当时，很多起义军都与元朝统治者为敌，为了推翻元朝的统治而不懈努力。朱元璋反其道而行，他积极地采纳了谋士们的建议，决定先对付那些实力比较弱的对手，再去对付那些实力比较强的对手。因而他先把目标瞄准了张士诚，直到夺取了张士诚的很多地盘，自己的实力也越来越强大之后，他才把目标瞄准了陈友谅。在朱元璋采取这个策略不断发展壮大自己的同时，各地的起义军都在与元军血战。他们

与元军实力相当，在战斗过程中，不管是起义军还是元军，都损兵折将，伤亡惨重。在这个时期里，朱元璋的战略战术是非常高明的。他始终坚持“高筑墙，广积粮，缓称王”的原则和策略，借着小明王的名号扩张势力，先后铲除了陈友谅和张士诚。等到自身力量足够强大，可以真正另立门户，企图称王的时候，他毫不迟疑地铲除了他称王路上的绊脚石，除掉了小明王。自此之后，朱元璋接受大臣们的劝谏，决定自立为王。他以摧枯拉朽之势，摧毁了如同老马一样孱弱的元王朝，彻底结束了元朝末期持续了二十多年的战乱局面。开创明朝后，朱元璋不再四处征战，而是致力于发展国家，让老百姓安居乐业。在他的励精图治之下，明朝前期发展迅速，繁荣安定。但是，朱元璋拥有“家天下”的理念，采取中央集权制，以个人的意志力控制整个国家，这又限制了明朝的发展，使社会发展出现了很多弊端。

朱元璋在进入晚年之后，极度追求金钱、权力和欲望。这些追求又与他的人性相排斥、相矛盾，所以他表现出双重人格，一方面想要当一位好君主，让老百姓过上好日子，另一方面又有很强的猜忌心理，滥杀功臣，高度集权，使官僚阶层中无人敢对他提出明智的意见，而只能任由他根据自己的意志掌控整个国家。为了让大明江山保持稳固，他伤害了很多和他一起打下天下的有功之臣。

在中国历史上的诸多皇帝中，朱元璋无疑具有传奇色彩。本书尽量客观翔实地讲述了朱元璋漫长的一生，既记载了他的功劳，也描写了他的残暴。阅读本书，我们可以了解朱元璋矛盾的形象和复杂的心理，也对明朝的历史有更深入的了解。

邓焱中，朱忠进

2022年12月

目　录

第一章 草根皇帝的艰难成长之路

贵人不贵，孤苦伶仃

元朝致和元年（1328年）七月，泰定皇帝因病在上都去世。当时，西安王阿剌忒纳失里和金枢密院事燕铁木儿留守上都。因为当年武宗对他们有知遇之恩，所以他们瞅准这个千载难逢的好机会，当机立断发动了军事政变，想让元武宗海山的儿子登上王位。然而，泰定皇帝去世时，武宗的两个儿子都远在外地，长子周王和世球在遥远的大西北，一时之间无法赶回上都，次子怀王图帖睦尔在江陵，比长子周王距离上都更近一些。燕铁木儿担心时间久了宫中生故，因而特意派人火速赶往江陵，迎接图帖睦尔回上都登基。

对于燕铁木儿这样的做法，王室宗亲的很多人都满腹牢骚。他们认为即便要立武宗的儿子为王，也轮不到立作为次子的图帖睦尔，而是应该立武宗的长子和世球。朝廷里，梁王王禅、丞相倒刺沙等人全都很拥护已经去世的泰定皇帝，因而以立图帖睦尔是乱了祖宗法度为理由，抢先拥立了人在上都

的泰定皇帝的小儿子阿速吉八登上王位，也就是天顺帝。

当年八月底，图帖睦尔从江陵火速赶到大都，也就是现在的北京。即便阿速吉八已经登上了皇位，燕铁木儿等人却拒不承认，他们全都鼓动图帖睦尔为王。九月，在燕铁木儿等大臣的拥护下，图帖睦尔在大明殿登上皇位，史称文宗，改元天历。就这样，一场宗室抢夺王位的激战拉开了序幕。天顺帝从上都派兵攻打大都的图帖睦尔。面对这场皇位争夺战，文宗派出燕铁木儿等大臣平定叛乱。这就是历史上赫赫有名的“两都之战”。

文宗图帖睦尔尽管已经成了皇帝，却感到特别不安。他不知道自己在与天顺帝的斗争中究竟能否取胜。让他感到惊喜的是，燕铁木儿等大臣衷心拥护他，率领大军打败了叛军，把天顺帝赶下了皇位。这次战败之后，天顺帝杳无音信。

然而，图帖睦尔也不是正宗的皇位继承人。他的兄长和世球才是真正应该继承皇位的人。得知兄长正在快马加鞭赶回来，图帖睦尔很犹豫是否把皇帝的宝座让给兄长。思来想去，他决定先摆出高姿态，表示要让位给兄长，再好好地想一想未来该怎么做。打定主意之后，他特地下诏向兄长和世球保证：“谨俟大兄之至，以遂朕固让之心。”这句话的意思是说，图帖睦尔打定主意要把皇位还给和世球，所以一直

在等待和世球的到来。为了表现出自己的诚意，他还派燕铁木儿带着皇帝宝玺迎接和世球。

次年正月，和世球终于带着家人和官员赶到了和林行宫，理所当然地登上皇位，称为明宗。这个时候，燕铁木儿带着玉玺还在赶路呢。一直到四月初，燕铁木儿才赶到和世球所在的地方，当即率领百官把玉玺献给了和世球，并且陪着和世球一起返京。才赶到京城，和世球就宣布册立图帖睦尔为皇太子。

八月一日，明宗赶到中都王忽察都。次日，图帖睦尔赶来行营拜见明宗，明宗设宴盛情款待图帖睦尔和大臣们。他们兄弟得以重逢非常开心，把酒言欢，各叙别情。明宗喝了很多酒，感到头脑昏昏沉沉，因而回到寝帐休息。这一觉睡下去，明宗再也没有醒来。八月六日，才刚刚登上皇位六个多月，正值人生壮年的明宗就离开了人世。明宗离开人世的时候七窍流血，死状凄惨，皇后八不沙吓得不知所措，赶紧让人通知皇太子图帖睦尔来查看情况。图帖睦尔第一时间赶到营帐，抱着明宗的尸体痛哭流涕。明宗刚刚驾崩，燕铁木儿就以奉明宗皇后的诏令为理，把“皇帝宝玺”给了图帖睦尔。

八月十五日，图帖睦尔在上都大安图再次登上皇位。明宗因何而死，人人心知肚明，眼看着和世球与图帖睦尔相煎

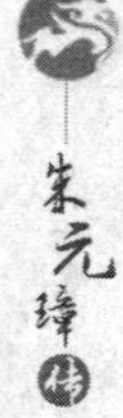

太急，他们却不言不语。不管是和世球，还是图帖睦尔，再或者是各位大臣都万万没想到的是，在大元王朝宗亲同室操戈时，朱元璋降生了。他是大元王朝的掘墓人，也是开创大明王朝的明太祖。

天历元年（1328年）农历九月，老百姓正在忙着秋收呢。十八日，在濠州钟离东乡的穷乡僻壤里，陈二娘大肚如箩，还在稻场上忙碌着。原来，她正在帮孙地主晒稻谷呢。因为年景不好，晚稻并没有获得大丰收，为了节省开支，孙地主只找了几个短工帮忙晒稻谷，做杂活。

陈二娘的丈夫朱五四是孙地主家的长工，一年到头都在孙地主家干活。他才四十七岁，按理来说正值人生壮年，却因为长年累月辛苦劳作且吃不饱、穿不暖而看起来像个老头。他的头发乱蓬蓬的，一片花白，他的脸膛黝黑，布满深深的皱纹。他的嘴唇很厚，微微向上翘着，看起来很刚毅，也很质朴。

十八日一大早，朱五四就要去孙地主家的地里干活。他知道陈二娘分娩在即，因而在临出发之前，特意告诉陈二娘："如果困了，不要强撑着。二郎庙距离稻场不远，去那里歇歇再干。"

很快，陈二娘和两个农妇就来到了稻场上，她们全都手脚麻利，不一会儿就把谷子摊开了。在晾晒谷子的同时，她

们也没闲着，而是用竹耙清除谷子上的草茎。不知不觉间，她们已经忙碌了一个上午，陈二娘的确感到有些困倦。正如朱五四所说的，二郎庙距离稻场很近，但是陈二娘身体沉重，不想走路，因而她就躺在稻场的草垛上，不知不觉间就睡着了。

这时，一位头戴七星宝冠的道士从西方走来。只见他的眼睛炯炯有神，脸上长满了长长的胡须，穿着藏青色的道袍，怀里还抱着一柄拂尘，看起来活脱脱是一位神仙。道士径直走向陈二娘，盘膝坐在陈二娘的面前，从怀里掏出一个葫芦瓶，倒出一粒金色的药丸。陈二娘感到很奇怪，道士突然开口说道："天神拜托贫道送一粒神丹给夫人。"陈二娘赶紧问道："我是一个穷苦的妇人，要神丹何用？"道士说："夫人服下此丹，不仅有助于生产，而且可保孩子一生大富大贵。"听了道士的话，陈二娘并没有放在心上，暗暗想道："我已经生了五个孩子，三个儿子，两个女儿，即使没有服用金丹，每次也都像母鸡下蛋那样。不过，既然服用金丹能保孩子大富大贵，我当然愿意啦！"

想到这里，陈二娘抱着试试看的心态服下了金丹。很快，周围响起一片嘈杂声，陈二娘被惊醒了。她睁开眼睛才知道自己只是做了一个梦。原来，天色突然阴沉起来，马上

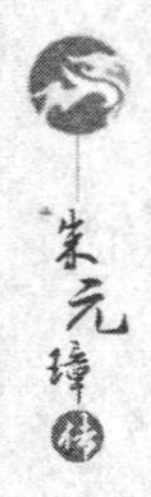

就要下雨，大家正忙着收晒的谷子。他们知道陈二娘身怀六甲还要辛苦劳作，都没有叫醒陈二娘。看到每个人都忙着收谷子，陈二娘赶紧拿起笤帚也开始扫起来。她一边干活，一边琢磨着那个奇怪的梦，忍不住把梦讲给伙伴们听。她正一边干活一边与大家说说笑笑，突然感到腹部剧痛。已经生过五个孩子的陈二娘当然知道孩子就要出生了，她来不及回家，因而忍着剧痛赶到二郎庙里。二郎庙尽管破旧，却不比她家的茅草房子差。和陈二娘一起干活的两个农妇看到陈二娘即将临盆，赶紧搀扶着陈二娘，和陈二娘一起来到庙里。

原本，陈二娘以为这次生产会和之前五次一样很顺利，却没想到足足过去一个多时辰，孩子还没有降生。这时，外面电闪雷鸣，大雨倾盆，寺庙里刮进凉风，陈二娘只感到饥寒交迫，浑身不停地打寒战。一个农妇见状赶紧去寺庙外面抱几捆稻草，给陈二娘铺在身下，帮助陈二娘取暖。片刻之后，突如其来的雷阵雨停了，西边的天空出现了一道鲜艳的彩虹。要知道，这是秋天，而非盛夏，所以不管是雷阵雨还是彩虹都是很罕见的。天空放晴不久，陈二娘就在寺庙里诞下了婴儿，婴儿发出响亮的啼哭声。这个婴儿就是朱元璋，是未来大明王朝的开国皇帝。当然，朱元璋当时并不叫朱元璋，而是因为排行第八，所以被父母取名为朱重八。

关于朱元璋出生的故事有很多版本，尤其是很多大臣为了溜须拍马，都为朱元璋编造传奇的人生故事，以讨好朱元璋，所以这些版本一个比一个神奇。不过，众多版本中关于朱元璋降生时天现异象的描述都是相差无几的。

除了说朱元璋降生的时候暴雨倾盆，而后有彩虹，还有一种说法也广为流传。相传，朱元璋是夜里在二郎庙诞生的。当时，二郎庙上空出现了一片耀眼的红光，邻居们在睡梦中都感到刺眼，全都以为二郎庙着火了，因而睡眼惺忪地拿着救火工具来救火。结果，他们发现二郎神庙好好的，根本没有着火。

二郎神庙上空有红光的传说还有衍生的版本呢。据说元朝的地方官看见天空有异象，赶紧汇报给朝廷。朝廷得到消息后认为可能有造反的人降临人世，因而派出官兵搜查刚刚出生的婴儿。搜查的官兵虽然找到了二郎神庙，但是看到寺庙破烂不堪，四处漏风，又看到刚刚生产的陈二娘衣衫褴褛，面无血色，婴儿也是骨瘦如柴，奄奄一息，所以很怀疑这个孩子是否真的能够起兵造反。正在这时，朱元璋不知道是受到惊吓还是感到寒冷，居然大哭起来，惊动了寺庙角落里的马蜂窝，马蜂当即围住官兵。官兵们生怕被马蜂蜇，当即夺门而逃。后来，为了给朝廷交差，他们又去了距离二郎神庙不远的康家营，把康姓大户人家刚刚出生的婴儿带走了。就这样，朱元璋福大命大逃过一劫。

也许关于朱元璋的这些传说都是在朱元璋开创大明朝之后人们捕风捉影编造出来的，是为了证实朱元璋的确生而不凡。现实却是，朱元璋虽然被称为“天生龙种”，但是并没有给贫穷的家庭带来任何好运，反而给全家人都增加了负担。在忍饥挨饿的年代里，哪怕只是多出一张嘴，家里也会增加很大的负担。由于家境贫寒，陈二娘在怀朱元璋的时候连饭都吃不饱，所以朱元璋先天营养不良，刚刚出生就身体孱弱，气息奄奄。他出生好几天都不会吃奶，肚子还胀得很大，总是不停地啼哭。父母甚至担心朱元璋不能存活下来，哪里又能想到这个儿子真的有大富大贵的命呢！

朱元璋出生时，大姐已经出嫁了。遗憾的是，大姐和丈夫还没有生育孩子，就相继去世。因而朱元璋五六岁时，有三个哥哥和一个姐姐。大哥重四为了混口饭吃，入赘给人家做养老女婿。朱元璋家里很穷，揭不开锅，因而父母合计之后决定把小小年纪的朱元璋送到皇觉寺，拜老和尚高彬为师。高彬和尚当即答应收朱元璋为徒弟。虽然朱元璋长得不俊俏，看起来还脏兮兮的，但是他很聪明好学。才用了两年时间，朱元璋就学习了很多佛经。对于朱元璋而言，他相当

于接受了文化启蒙教育，为他后来的成长奠定了基础。

就在朱元璋九岁那年，佃主夺回了朱五四租种的土地，朱五四不得不带着全家人迁到钟离县西乡。那里的土地非常贫瘠，朱五四面朝黄土背朝天地辛苦耕种一年，在交完租子后，根本无法填饱全家人的肚子。迫于生计，他只好带着全家人又搬到太平乡孤庄村，给地主刘德做佃户。朱家的生活陷入了绝境，既没有粮食，也没有种子，更没有落脚的地方，只能仰赖地主刘德生活。说是佃农，其实和长工一样缺衣少食，包揽了地主家的所有杂活，还要被地主惩罚和折磨。有些地主杀人犯法了，还让佃户抵命。作为佃户，朱五四全家都要为地主家里干活。朱五四主要负责种地，陈二娘主要负责干家务活，孩子们则负责放牧和砍柴。当地主家里有白事时，全家人还要披麻戴孝当孝子哭丧。

在颠沛流离中，朱元璋十岁了。他住在破茅草屋里，每天天不亮就起床去放牛。虽然睡不好、吃不饱，每天都早出晚归，但是朱元璋从来不觉得辛苦。每天，他把牛牵到草地上，就让牛在一旁吃草，他则和伙伴们一起玩耍，做游戏。

有一天，江浙名士刘伯温来到凤阳附近寻找龙脉。他看到当地居民性格豪放，做事干脆利索，谈吐也很高雅，不由得心花怒放。他在这个人杰地灵的地方运用奇门斗数知识进

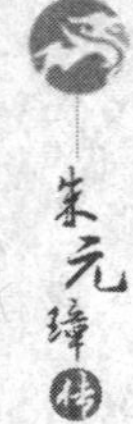

行推断，居然算出这里将会出奇人。他一边寻访一边前行，当来到九山下时，看到远处升起一团红光。他不由得喜出望外，因为这正是他寻找已久的天子气。他走近了查看，发现一个正在睡觉的放牛娃身上散发出红光。放牛娃四肢张开躺在草地上，就像“大”字。仔细看去，刘伯温发现放牛娃的头下还枕着一根竹竿，这使“大”字变成了“天”字。

刘伯温正准备走过去叫醒放牛娃时，放牛娃却突然转身睡去，腰部正好睡在竹竿上面。他还调整姿势，把胳膊枕在头下面，这样就能睡得舒服些了。刘伯温惊喜地发现，放牛娃以这样的睡姿摆出了“子”字。刘伯温惊住了，这个放牛娃就是未来的“天子”啊！他赶紧叫醒放牛娃，这才知道放牛娃名叫朱重八。刘伯温记住了放牛娃的长相，从此之后，他非常关注放牛娃，常常探听关于放牛娃的消息。

朱元璋每天都和小伙伴们一起放牛。为了打发时间，他们不仅摔跤，比赛跑步，还一起玩游戏——“当皇帝”呢。当皇帝的游戏很简单，即当皇帝的人坐在高高的石头上，其他人假装是文武百官在下面对皇帝俯首称臣，齐声呼唤万岁。每当朱元璋扮演大臣在下面朝拜皇帝时，皇帝就会摔下高高的石头。渐渐地，大家都不愿意当皇帝了，这样一来，朱元璋就顺理成章地坐在高高的石头上当起了皇帝。

整个童年时期，朱元璋都在放牛。每天和小伙伴们一边放牛一边玩，朱元璋感到很开心。但是，他也常常会被饥饿困扰。刘地主经常不给朱元璋吃早饭，朱元璋在饥饿中感受到东家的刻薄，因而很仇恨东家，常常诅咒东家。有一天，朱元璋和小伙伴饥肠辘辘，最终被吃的欲望征服了，因而朱元璋带领小伙伴们“吃牛”。虽然朱元璋的确是饿得受不了了，但是这件事情也表现出朱元璋的本性。

有一天，朱元璋和小伙伴徐达、汤和饿着肚子一起放牛。听着肚子叽里咕噜叫个不停，小伙伴们怨声载道。有人说要下河抓鱼，有人说要上山抓野兔。然而，小河已经干得见底了，他们也没有力气爬山，最终大家全都一声不吭地低着头，眼泪在眼睛里打转。看到天色渐渐地晚了，小伙伴们都要饿着肚子回去交差了，朱元璋下定决心说道：“咱们杀一头小牛吃吧，我还没尝过牛肉的滋味呢！你们吃过牛肉吗？”小伙伴们不约而同地摇摇头。朱元璋说：“只要你们都听我的，我现在就让你们吃一肚子牛肉过过瘾。”听说有肉可吃，小伙伴们都咽起了口水，还有的小伙伴说只要吃到牛肉，将来就支持朱元璋当真皇帝呢！

听着小伙伴们的话，朱元璋陷入了沉默，他仿佛正在思考问题，终于一跃而起，拿起斧头砍死了小牛。见此情

形，徐达和汤和也赶紧帮忙，其他小伙伴也七手八脚地忙活起来。周德兴意会到朱元璋是要烤牛肉吃，当即去捡柴火。就这样，小伙伴们齐心协力，很快就把牛肉烤熟了。他们吃着香喷喷的牛肉，全都兴高采烈。很快，一头小牛吃完了，大家都开始担忧起来，不知道应该如何向地主交差。这个时候，朱元璋命令大家就地掩埋牛皮和牛骨，只留下牛头和牛尾巴。然后，他和小伙伴们一起把牛头放在山的缝隙中，又把牛尾放在山缝隙的另一端。等到一切都布置妥当，朱元璋才慌里慌张地跑回刘地主家，喊道："不得了啦，不得了啊！东老爷，小黑牯钻到山的缝隙里，出不来啦！"

刘地主是个不折不扣的守财奴，听说牛被卡在山的缝隙里了，他当即跟在朱元璋身后去查看情况。为了应变，刘地主还带了一个家丁。看到牛头和牛尾分别在缝隙的两侧，刘地主当即去拉牛尾巴，又去拽牛头，只见牛尾不停地摇晃着，牛头则发出叫声。虽然刘地主很怀疑牛是否真的被山的缝隙卡住了，但是他又无法解释这样奇怪的现象。他不能以此为由惩罚朱元璋，但也火冒三丈，认为不能继续留用刁钻古怪的朱元璋了。为此，他派人狠狠地打了朱元璋一顿，把朱元璋从他的家里赶了出去。

朱元璋离开刘地主的家，这才想起自己已经在刘地主

家放了六年牛。现在，他感觉到前所未有的自由，当然，获得这种自由的代价是他变成了无处容身的流浪汉。朱元璋不敢告诉父母这件事情，所以向父母隐瞒了实情，独自一人在外面四处游荡。他给这户人家放几天牛，换口饭吃，给那户人家捡几天粪，又给另一户人家推磨或者砍柴。伙伴们看到朱元璋因为带着他们吃了小牛才四处流浪，全都想方设法地帮助朱元璋。在当时，根本没有人相信朱元璋能当皇帝。但是，有一点是毋庸置疑的，那就是朱元璋很有主见，也表现出非凡的组织才能和决断能力。正是因为如此，在同龄孩子中，他才能成为领头羊。又因为环境的作用，他最终不断地成长起来，创造了独属于自己的传奇人生。

古人云，天将降大任于是人也，必先苦其心志，劳其筋骨，饿其体肤。不久之后，朱元璋又遭到了命运沉重的打击。元顺帝至正三年（1343年）夏季，天下大旱，蝗虫成灾，很多地方的庄稼颗粒无收，瘟疫还肆意蔓延。朱元璋所在的濠州是重灾区，那里贫苦的人们被饥饿折磨，被疾病纠缠，被命运逼到了绝境。为了摆脱困境，人们膜拜初升的太阳，在如火的骄阳下虔诚地祈祷。面对无数百姓流离失所，元朝廷却无所作为；面对荒野里的尸体，元朝廷却无动于衷。在太平乡孤庄村，很多人都感染了瘟疫，死亡的恐惧笼

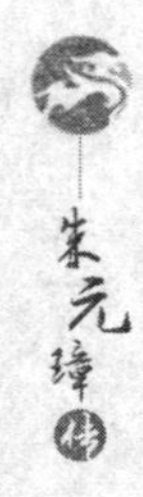

罩着整个乡村。

这一年，朱五四六十四岁了。他的身体极度虚弱，没有粮食吃，就吃草根树皮。很快他就感染了瘟疫，撒手人寰。随后，朱元璋的母亲、大哥和大侄儿，全都因为感染瘟疫去世了。十七岁的朱元璋眼睁睁地看着亲人们死去，却无能为力。亲人遭受病痛的折磨，他没有钱抓药，亲人死去了，他没有地方可以埋葬亲人。

通常情况下，地主应该给佃户一块地方安葬。为此，朱元璋和二哥朱重六一起去恳求刘地主，借给他们一块地安葬家人。刘地主看到朱家家破人亡，只剩下还不懂事的孩子，又因为失去了那头小黄牛对朱元璋记恨在心，所以当即就拒绝了他们的请求。这个时候，刘继祖看到朱元璋和朱重六走投无路，因而在和老婆商量之后，决定给朱元璋兄弟一块山地埋葬亲人。得到刘继祖的帮助，朱元璋兄弟终于放下心来，在对刘继祖千恩万谢之后，他们就去埋葬亲人了。

第二天，朱元璋兄弟用门板抬着父母的尸体去安葬，却在半路上遇到了雷暴雨，尸体又因为绳索断裂而从门板上跌落在地。这个时候，泥土在雨水的冲刷下掩埋了尸体，朱元璋兄弟只好继续添土，就地掩埋了父母的尸骨。直到二十多年过去，朱元璋回想起当初埋葬父母的仓皇和窘迫，才为他

们修建了巍峨的皇陵。这就是朱家凤阳祖皇陵。

因为饥荒和瘟疫一起袭来，淮河流域尸横遍野，灾民们吃光了草根和树皮。活人或者饿得奄奄一息，或者病重，根本没有力气去埋葬死人。少数人还能跑得动，就都逃之夭夭了。朱重六是上门女婿，无法收留朱元璋。在草草掩埋了父母的尸骨之后，朱重六就告别了朱元璋，独自回家了。朱元璋孤身一人躲在草棚里，痛哭不止，彻夜难眠。

第二天，邻居汪妈妈和儿子汪秀成一起来安慰朱元璋，劝说朱元璋去寺里剃度为僧。这样既有了栖身之处，也能回报当年寺庙里的了空大师对他的救命之恩。原来，朱元璋从小体弱多病，了空大师曾经为朱元璋治病，因而陈二娘许愿要让朱元璋去寺庙里为僧。如今，了空大师虽然已经圆寂了，但是朱元璋和佛门的缘分还是在的。朱元璋遵从父母的遗愿，决定出家为僧。

九月十八日是朱元璋十七岁的生日。汪妈妈与徐达、汤和等人想方设法弄了点儿吃的，让朱元璋在进入寺庙前吃了顿饱饭，也算给朱元璋过了生日。次日一大早，汪秀成就陪着朱元璋去了皇觉寺。进入寺庙之后，朱元璋每天都要不停地干活，却依然会被老和尚责难。

有一天，朱元璋刚刚打扫完院子，又被老和尚指派去打扫殿堂。殿堂里有很多雕塑，尤其是那些排列紧密的小雕塑，打扫起来很困难。朱元璋累得气喘吁吁，用箩筐装好所有的雕塑，放到院子里，这才把殿堂打扫干净。

有一次，老鼠咬坏了一尊佛像前的蜡烛。师父为此狠狠地批评了朱元璋一通，认为朱元璋没有尽到管理殿堂的责任。朱元璋平白无故受了气，居然用笔在菩萨身后写了“发配三千里”。很快，这几个字就被人发现了，朱元璋不得不承认错误。幸好高彬长老出面为朱元璋求情，朱元璋才没被赶走。

转眼之间，两个月过去了。这一天，皇觉寺的主持遣散了寺庙里的所有僧侣。原来，寺庙里已经没有食物给大家果腹了，所以大家只能离开寺庙，四处云游化缘，才能勉强糊口，度过危机。迄今为止，朱元璋才当了五十天行童，还不会诵经做法事等。然而，他只能硬着头皮踏上了化缘之路。其实，化缘就是出家人的行乞。朱元璋顺着淮水一直下行，看到沿岸有村庄，就进入村庄讨口吃的。他风餐露宿，渴了，就喝几口淮水，困了，就在河边席地而睡。很多人嫌弃朱元璋，总是给他白眼，毫不留情地呵斥他，甚至放出恶狗追咬他。这样的日子，朱元璋坚持了半个月，就无法继续坚持下去了。他走投无路，决定去泗州盱眙县明光集。原来，

他的二姐朱佛女就嫁在那里。

到了二姐家里，朱元璋得到了二姐和姐夫的热情招待。他们竭尽所能给朱元璋做好吃的，把朱元璋待若贵宾。在二姐家时，朱元璋完全忘记了自己是个四处化缘的行脚修行的和尚。每天吃饱喝足之后，朱元璋就跟随姐夫出门拜访朋友。他们乘船去过洪泽湖，还借宿在渔家船上。

美好的时光总是转瞬即逝。一眨眼，朱元璋已经在二姐家里过了两个月。他每天吃吃喝喝，好不惬意。但是，他已经十七岁，知道人情世故了。有一次，他主动提出要为二姐家里放牛，但是被二姐拒绝了。二姐还调侃朱元璋："我可不敢让你放牛，万一你再把牛宰掉吃了呢！而且，李家也没有牛。李家把田产都租给佃户了。"朱元璋不好意思继续白吃白喝下去，只想找点儿事情做，后来，二姐让朱元璋教外甥李文忠读经书。朱元璋提出要出门化缘，二姐夫再三劝说朱元璋等到过了冬天再走，但是朱元璋坚决拒绝了。他感谢了姐姐和姐夫的盛情款待，就向西南方出发。

朱元璋靠着化缘度过了整个冬天，直到第二年春天，他才来到庐州府城。他在城里走来走去，并没有遇到乐善好施的施主。他不得不继续向南走去，然而，他感到非常迷惘，他既不知道自己要去哪里，也不知道自己的终点在哪里。到

了夏季，朱元璋经过巢湖边，转而向西北方行走。他不畏艰险，跋山涉水，每当来到大户人家的门前时，就会站在门前敲着木鱼，高声诵佛。有的施主会给他一碗粥填饱肚子，有的施主会给他几文钱。夜幕降临时，他会借宿在寺庙里，或者借宿在礼佛向善的农民家里。

这一路走来，他经常会在路边看到尸体被蚊蝇围绕。这些人或者是饿死的，或者是病死的，他们死得不安心，以自己的死亡告诉活着的人，“人”是多么卑微。朱元璋在化缘的路上看尽了凄清，感受到刻骨的孤苦。他就这样靠着乞讨度过了三年的时间。经过这三年，朱元璋不再是那个懵懂无知的少年了，而是成长为成熟的青年。他的身心都得以发展，越来越成熟，渐至定型。三年的乞讨生涯使朱元璋对朝廷不满，对现实不满，树立了远大的理想和抱负，也拥有了顽强的生存能力。然而，因为受尽白眼，饱尝艰辛，他的脾气也是非常怪异的。生活中的一切经历深深地烙印在他的心上，他比起绝大多数同龄人都更加成熟。他用脚步走过了很多地方，所以对于很多地方的风土人情都非常熟悉，对于很多地方的地形地貌也有所了解。正是因为如此，他将来才能心怀天下，立志为王，也才会知道百姓的疾苦，成为艰苦朴素的好皇帝。

至正七年（1347年）秋季，朱元璋听说家乡不再闹灾荒，因而踏上了回寺庙的旅程。此时的他与三年前截然不同，不再是孱弱的少年，而是变成了身强体壮的年轻人。寺庙里的人看到朱元璋回来了，全都悲喜交加，热烈欢迎他的归来。这个时候，寺庙历经洗劫，从实际意义上来说已经变成了学校。朱元璋回到寺庙，学习了很多知识，还学会了卜筮之法。在这个时期，他的生活暂时安定下来了。

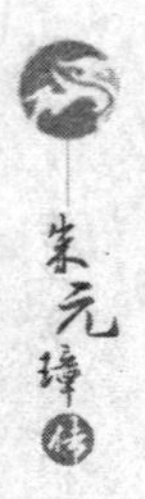

加入红巾军，名声与爱情双丰收

正当朱元璋在皇觉寺用功读书识字时，中原的局势越来越动荡不安，烽烟四起。元朝末年，朝廷昏庸无能，政治极度腐败，各种矛盾日渐尖锐，各种冲突越来越激化。在这种情况下，只要有导火索，就会爆发激烈的武装。很多穷苦的人遭受天灾人祸，走投无路，只能破釜沉舟，杀出生路。元顺帝即位之后，虽然采取了很多改革措施治理朝政，改善民生，却于事无补。

生在皇觉寺的朱元璋得知天下大乱，意识到皇觉寺已经不再是安全的立身之地，因而动起了离开皇觉寺的心思。这天深夜，朱元璋正在点灯熬油地读书，突然听到异响。原来是有人正在敲击他的窗棂。他推开门发现了一封信，但没有看见送信的人。他赶紧回到灯下看信，这才知道这封信是儿时的小伙伴汤和写给他的。汤和在信中说很多伙伴都参加了红巾军，他也投奔到濠州郭子兴大帅的麾下，成了千户。汤和劝说朱元璋也

参加红巾军，到军队里施展才华，实现抱负。

朱元璋看了汤和的信后，心中更是矛盾和纠结。他当即烧掉了信，陷入“既忧且惧”的矛盾心态中，一时之间无法下定决心。后来，有人知道了朱元璋的秘密，还要去向元军告密。为了避免自己遭遇灭顶之灾，也为了避免牵连寺庙，朱元璋只好与智者相商。在智者的建议下，朱元璋卜了一卦。卦象告诉他大丈夫要死得其所，得偿所愿。经过这样的触动，朱元璋当即下定决心参加红巾军。

次日，朱元璋早早起床收拾好行李，悄无声息地回到孤庄村。他看到他曾经的家——破旧不堪的茅草房已经彻底倒塌了，邻居汪妈妈的家也摇摇欲坠。他放眼望去，四周一片荒芜，没有一个人。朱元璋绕着这片地方走了一圈，又去祭拜父母。他一边给父母磕头，一边对着父母的坟墓讲述自己的计划，表达自己不能时常扫墓的愧疚。当然，他也不忘让父母在天有灵一定要保佑他建功立业，光耀门楣。朱元璋没有逗留更长的时间，从父母的坟前离开之后，他就振奋精神，直奔濠州。

至正十二年（1352年）的春末夏初，一天傍晚，穿着袈裟的朱元璋终于来到濠州城下。此时，濠州城城门紧闭，禁止一切行人出入。原来，元军就驻扎在城外三十里处，因为

没有把握攻城，他们只能安营扎寨与红巾军对峙。

在这样紧张的情势下，朱元璋被红巾军的头目误认为是蒙古人，是元军的探子，被生拉硬拽到城墙下，捆绑在木桩上。后来，他们想要押解朱元璋出城，朱元璋毫无畏惧，满脸正气。他怒不可遏，边走边骂："我还以为大名鼎鼎的红巾军有什么了不起呢！既然红巾军与土匪和强盗一样蛮横，不讲道理，我不加入红巾军也是幸运！否则，又多了一个人祸害百姓！对了，你们转告郭子兴那个糊涂虫，他忠奸不分，真假不辨，还滥杀无辜，他有什么资格率领红巾军！"

正在这时，郭子兴恰巧到城楼上巡视，听到了朱元璋的叫骂声，因而派出亲兵，把朱元璋带到他的面前。他询问了朱元璋的姓名，又询问朱元璋为何要参加红巾军，而不潜心研究佛法。朱元璋光明磊落地回答："小僧倒是想潜心修行，只是官逼民反，民不得不反。如今天下大乱，没有静修之地，更没有人能做到心如止水。大丈夫更是要心怀天下，不能苟且偷生！"

郭子兴感受到朱元璋的胸怀和气魄，对朱元璋赞不绝口，还亲自为朱元璋松绑。这个时候，汤和正好看到了朱元璋，因而兴致勃勃地跑过来告诉朱元璋："重八，你来啦。这就是郭元帅，你快点儿谢恩啊！"朱元璋这才知道眼前

的人就是郭子兴，因而赶紧跪在地上拜谢。郭子兴扶起朱元璋，让朱元璋成为他的亲兵。这一年，朱元璋刚刚二十五岁。年纪轻轻的他从此扭转了命运，开始了军旅生涯。

有一天，郭子兴带着随从外出办事，中了赵均用的埋伏，被赵均用抓住之后毒打一顿，而后被囚禁在孙德崖的家里。正在淮北前线刺探军情的朱元璋得到消息后，不顾他人的劝阻，连夜策马疾驰赶回濠州，救援郭子兴。

趁着夜色深沉，朱元璋悄悄地翻墙进入郭子兴的府邸，目之所见都是女人。看到朱元璋闯入帅府，这些女人们全都惊慌失措。朱元璋询问郭天叙兄弟现在何处，女人们大眼瞪小眼，全都沉默不语。在朱元璋的再三催促下，得知郭子兴大难临头，二太太小张夫人才告诉朱元璋实情，并且派人找回郭氏兄弟和她自已的弟弟张天祐。朱元璋如同一位元帅一样指挥他们各行其是。在朱元璋的安排下，张天祐负责去军营里调集三队精兵，郭氏兄弟则跟着他一起去拜见彭大元帅。朱元璋心知肚明，赵某是绑架郭子兴的主使，只有彭大元帅才能为郭子兴解围。

很快，张天祐就带着三队精兵回到了郭子兴的府邸，朱元璋看到已经做好准备，当即带着郭氏兄弟去拜访彭大元帅，讲述了郭子兴被绑架殴打并且囚禁这件事情。说完之

后，朱元璋就带着人马来到了孙府门前。只见孙府戒备森严，大门外悬挂着大红灯笼，每进院子的门口都站着两名卫兵负责守护工作。朱元璋安排人马团团围住孙府之后，就带着几个精兵强行朝着内院闯去。在第一进院门处，两名卫兵试图阻拦他们进入，朱元璋毫不迟疑地把卫兵打翻在地。在第二进院门处，两名卫兵看到朱元璋带人闯了过来，大声喊道："来强盗啦！来强盗啦！快去报告孙帅。"卫兵话还没说完呢，朱元璋就已经带着人闯了进去。

孙德崖正在和赵均用喝酒呢，听见外面传来叫嚷声，他正准备训斥卫士，却看到朱元璋带着一行人气势汹汹地闯了进来。

"孙元帅，"朱元璋小声呵斥道，"我尊敬你，所以把你当前辈，称呼你为元帅。但是，希望你不要小看彭大元帅，还揣着明白装糊涂。"话音刚落，朱元璋就拿出一把短刀，威胁孙德崖："副帅，快交出郭元帅。当日，你与郭元帅一起揭竿起义，现在却为何要自相戕害？"

孙德崖知道捂不住这件事情了，又看到朱元璋人多势众，因而不敢对朱元璋加以阻拦。趁此机会，朱元璋率领亲兵闯入后厅进行搜索。当搜查到后院的地窖时，他们才找到郭子兴。郭子兴被打得浑身是伤，都无法走路了。朱元璋

指着打人的军士，威胁孙德崖："孙元帅，记住了，下不为例，否则不要怪我们翻脸。"

对于郭子兴而言，这件事情是个深刻的教训。他原本就心胸狭隘，从此之后变得更加多疑。幸好有朱元璋拼死相救，他才能侥幸逃脱，活下命来。后来，他提拔朱元璋当了九夫长，朱元璋很快就深得郭子兴的器重。包括汤和在内的很多人，都特别尊重朱元璋。

朱元璋身经百战，战斗经验越来越丰富。他面对敌人从来不使蛮力，而是制订周密的作战计划之后，再冲锋陷阵。渐渐地，朱元璋在队伍里的名气越来越大，他为自己树立了一个目标，那就是要向另一队红巾军的首领彭莹玉学习和看齐。

元兵在攻下徐州城后，继而围困濠州。面对这样的困境，郭子兴不知道自己是该撤退，还是该坚守濠州。朱元璋主张不退也不战，关闭城门，静观其变。郭子兴听到朱元璋分析得头头是道，不由得连声叫好。最终，郭子兴采纳了朱元璋的建议，备足粮草死守濠州。果然，元军围困濠州才三个多月，就因为主帅贾鲁因病去世而退兵了。郭子兴为此更加信任和器重朱元璋，任命朱元璋为后勤总管，还把很多私事委托给朱元璋处理。

在元军撤军后，郭子兴为小股贼人不时来犯而倍感烦

忧，询问朱元璋的意见。朱元璋主动请缨处理此事。果然，朱元璋战无不胜，为郭子兴消除了心腹大患。渐渐地，郭子兴与朱元璋之间的关系越来越亲近。他把朱元璋视为心腹，朱元璋可以随意出入郭子兴的元帅府。他与朱元璋的关系，早就超越了元帅和亲兵。

一天晚上，郭子兴和两位夫人说起朱元璋该娶亲了。小张夫人提议让朱元璋娶秀英。郭子兴和大张夫人都连声叫好，当即表示赞同。秀英是谁呢？秀英的父亲是马公，与郭子兴志同道合，意气相投。当年，马公在潜回宿州准备起义之前，把女儿马秀英托付给郭子兴照顾。从此之后，郭子兴视马秀英为亲生女儿。在得知马公病逝的消息后，郭子兴更是疼爱秀英。如今，秀英已经二十一岁了，还没有找到如意郎君。郭子兴一直为秀英的婚事着急，秀英自己也很着急。虽然秀英得到了郭子仪和小张夫人的疼爱，也从来无须为了生活而担忧，但是她依然会感到自己寄人篱下，内心悲凉。其实，秀英早就知道有个和尚投奔了义父，而且知道这个和尚非常勇敢。尤其是当得知这个和尚和她一样是个孤儿时，她更是对和尚产生了好奇心和同情心。因而，她毫不迟疑地答应了小张夫人，表示愿意嫁给朱元璋。那么，朱元璋对这门亲事又作何感想呢？朱元璋对于郭子兴的两个女儿都很熟

悉。尤其是对大小姐马秀英，更是心生好感。

有一天，朱元璋率领几个亲兵进行巡查，看到有一队带着武器的随从骑马护送一辆小轿。朱元璋侧头看过去，只看到一双天足露在轿子外面。朱元璋感到非常好奇，亲兵就把马秀英的身世全都告诉了朱元璋。朱元璋马上对马秀英感同身受，产生了同情心。次日，朱元璋得知郭子兴正是要把马秀英嫁给他，不由得激动万分。很快，朱元璋就和马秀英成亲了。从此之后，郭子兴与朱元璋成了翁婿，将士们全都称呼朱元璋为“朱公子”。正是此时，朱元璋才改名，不再叫俗气的“朱重八”，而是改名为“朱元璋”。

朱元璋自从和马秀英结婚之后，对马秀英既尊重又关心，夫妻之间相敬如宾，举案齐眉。有一天，朱元璋问马秀英：“你为何答应嫁给我这个貌不惊人的一介草莽呢？”马秀英对于这个问题毫不掩饰，说道：“相公的相貌是奇伟之貌。而且，我仰慕相公英勇机智，有着雄心壮志。”朱元璋对于马秀英的回答非常满意，马秀英也正如自己所言，认为朱元璋必然有所成就，所以她竭尽全力地辅佐朱元璋。就这样，朱元璋在官场上得到郭子兴的器重，官运亨通，在情场上还娶了知书达理的马秀英为妻，夫妻恩爱。

然而，一个人不可能总一帆风顺。很快，朱元璋就有

了糟心事。郭家的两位公子打心眼儿里瞧不起朱元璋，他们不愿意与朱元璋称兄道弟。朱元璋呢，也瞧不上郭家的公子哥，认为他们只是出身高贵，实际上并没有真才实学。就这样，朱元璋与郭家兄弟互相看不顺眼。郭家兄弟想方设法试图赶走朱元璋，甚至设计谋害朱元璋。除郭家兄弟之外，很多部下也嫉妒朱元璋这么快地升职，因而对朱元璋百般诬告和陷害。在亲儿子和很多部下的谗言中，原本就心胸狭隘的郭子兴不由得怀疑朱元璋想要自立门户，为此与朱元璋的关系越来越剑拔弩张。

无奈之下，朱元璋只好想方设法缓和与郭子兴的关系，马秀英也劝说朱元璋要尊重郭子兴。有时，朱元璋在作战的过程中得到了一些稀罕的珠宝首饰，马秀英也会偷偷地拿去孝敬小张夫人，还说是朱元璋让她这么做的。在马秀英的极力调解下，朱元璋与郭子兴的关系暂时得以缓和，没有达到反目成仇的地步。

然而，朱元璋与郭子兴之间既然已经产生了嫌隙，就没有那么容易冰释前嫌。有一天，朱元璋没有禀报郭子兴就紧急调动了人马，郭家的两位公子郭天叙和郭天爵趁此机会在郭子兴面前诋毁朱元璋，并且把这件事情作为朱元璋图谋不轨的证据。郭子兴勃然大怒，下令把朱元璋囚禁起来。郭天

爵认为这是除掉朱元璋的好机会，因而以郭子兴的名义，禁止任何人送饭给朱元璋吃。这个时候，正值闹饥荒，营寨里的粮食原本就很少，所以更没有人敢违抗郭天爵的命令给朱元璋送饭了。这时，有人与朱元璋的关系很好，就把这件事情偷偷地告诉了马秀英。马秀英不能直接请求义父放了朱元璋，又不能公开对抗两位兄长。她沉住气，进行了全面周到的考虑之后，果断地采取行动。

马上就要开饭了，她溜进厨房里拿了两张热烙饼，想要送给朱元璋。她刚刚走出厨房，就看见了小张夫人。情急之下，她只好把烙饼藏进怀里。小张夫人看到马秀英神情慌张，赶紧表示关心。马秀英顾左右而言他，小张夫人当即发现了马秀英的异常，因而故意与马秀英话家常，想要探知马秀英到底有何心事。此时此刻，马秀英的胸口正捂着两张刚出炉的热烙饼呢，她被烫得疼痛难忍，却又不能当即离开，因而不停地扭动着身体，忍不住哭了起来。

看到马秀英这么痛苦，小张夫人带着马秀英进入内室仔细询问。马秀英刚刚进入内室就跪在小张夫人的面前，诉说了事情的原委。小张夫人很疼爱马秀英，当天晚上就很用心地讨好郭子兴，并且询问起朱元璋的下落。郭子兴最宠爱小张夫人，听到小张夫人这么问，知道小张夫人肯定听到了风

言风语，就把整件事情都讲给小张夫人听。小张夫人趁此机会赶紧为朱元璋求情，说：“老爷啊，女婿有错，可以关禁闭，让他反省，却不能饿死他呀。要是饿死了他，秀英怎么办呢？”

郭子兴矢口否认自己下令饿死朱元璋，小张夫人当即想到是郭氏兄弟在捣鬼。她委婉地提醒郭子兴：“女婿是家里人，要关起门来教训。很多人表面上对朱元璋很服气，实际上对他又是嫉妒，又是憎恨。老爷向来英明，切勿被别有用心的小人钻了空子啊！”郭子兴陷入了沉默之中，意识到在众多部将中，可以信任和托付重任的人并不多，朱元璋算是一个。所以他要做的是控制朱元璋，而不是饿死朱元璋。想到这里，郭子兴当即派人放了朱元璋，又狠狠地责骂了两个儿子，警告他们下不为例。

朱元璋能娶了马秀英真是三生有幸。幸好有马秀英从中周旋，他才能与郭子兴保持好关系，也才能逢凶化吉。马秀英就是在背后默默支持朱元璋，并且助力朱元璋获得成功的好女人。从某种意义上来说，她改变了朱元璋的命运。

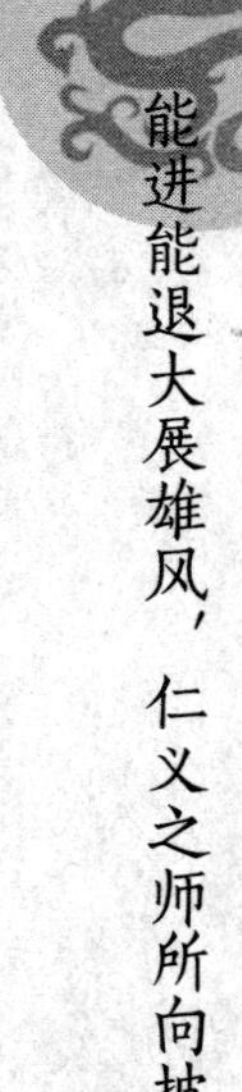

第二章 能进能退大展雄风，仁义之师所向披靡

广聚英才，攻无不克

朱元璋拥有远大的志向，并不甘心于屈居人下。一直以来，他都梦想着能够自立门户。郭子兴受到其他将领排挤的时候，他曾经劝说郭子兴离开濠州，谋求发展。其实，他并非为郭子兴考虑，而是想向郭子兴要兵权。一旦郭子兴决定自立门户，他就能够主动申请带兵征战，借此机会牢牢掌握军权，这样他就拥有了自立门户的基础。然而，郭子兴认为情况并没有危急到他们必须自立门户的程度，所以拒绝了朱元璋的建议，也不愿意把兵权交给朱元璋。

至正十三年（1353年）冬季，彭大自立为鲁淮王。他起义的时间比郭子兴、孙德崖等人都更早，因而实力很强。为此，他封郭子兴、孙德崖等人为元帅。这就意味着，郭子兴和孙德崖都要继续为彭大效力。他们因为实力不如彭大，不得不暂时委曲求全。实际上他们暗地里明争暗斗，谁也不服气谁，都想称王称霸。朱元璋冷眼旁观红巾军内部的斗争局

面，感慨万千。他不愿意再跟随这些目光短浅的草莽野夫干事业，而是要尽快地找到机会自立门户。

思来想去，朱元璋奔赴淮西，招兵买马，壮大队伍。为了避免郭子兴对他产生怀疑，他这次去淮西只带了十几个人。然而，他这一次收获很小。朱元璋意识到自己的名气太小，不能以名声拉拢人心，得到归附。毕竟他是乞丐出身，很少有人相信乞丐也能打下江山。在招兵买马的时候，朱元璋时常碰壁，心灰意冷，后来突然患病，只好回到濠州，再次投奔到郭子兴的麾下。这是朱元璋第一次试图另立门户，但以失败而告终。

至正十四年（1354年）春末夏初，赵均用邀请郭子兴和他一起发兵，攻打泗州、盱眙、徐州等地。恰恰就在这时，彭大死了。彭大是郭子兴最好的盟友，他的突然去世使郭子兴进退两难。他不想和赵均用、孙德崖等人一起行动，以免受制于他们，也不想把兵权交给朱元璋，否则朱元璋就会如同脱缰的野马一样再也不受他的控制。郭子兴的担忧当然是有道理的，朱元璋知道郭子兴的忧虑，因而一直在思考对策。

后来，徐达为朱元璋分析了当下的形势，认为郭子兴岌岌可危，不如弃他而去。否则，朱元璋难免会和郭子兴一起

受制于赵均用和孙德崖。在徐达的怂恿之下，朱元璋再次请求郭子兴准许他去招募兵马，扩大队伍。郭子兴当然知道朱元璋的心思，因而以嘲讽的语气问道："你想带着多少兵马南下，去招兵买马？"原本，郭子兴以为朱元璋会趁此机会多要兵马，没想到朱元璋却回答道："父帅正在用兵之际，我把几百人马都交给父帅指挥，只需要带二十多人南下即可。"听到朱元璋的回答，郭子兴悬着的心终于落下来了。他当即答应了朱元璋的请求，就这样，朱元璋带着徐达、费聚、汤和等人，火速赶到定远的张家堡。

朱元璋自称奉元帅郭子兴之命，要找驴牌寨的寨主洽谈一些事情。寨主早就听说了濠州的声望，因而毫不迟疑地答应加入朱元璋的队伍。与寨主达成协议后，朱元璋赶回濠州向郭子兴复命，而把费聚留在张家堡，详细商谈相关事宜。然而，有极个别的民兵将领反对加入郭子兴的队伍，费聚害怕夜长梦多，又怕生出变故，因而赶紧赶回濠州向朱元璋汇报情况。郭子兴得知朱元璋带来了好消息，心情大好，居然允许朱元璋带领三百人的队伍赶回张家堡，采取软硬兼施的策略收服队伍。

朱元璋带着队伍来到了宝公河畔，在十几个大口袋里装入精干的士兵，装作军粮放在手推车上，运抵营寨。等到营

寨里的大小头目一拥而上的时候，十几个勇士呐喊着破袋而出，使对方措手不及。这时，朱元璋一声令下，隐藏在河畔的三百人马马上杀进寨子里，吓得寨子里的人无力反抗，当即表示愿意归降。

朱元璋旗开得胜，吸引了附近很多人前来投靠。然而，朱元璋只留下几十个身强体壮的年轻人，而拒绝了其他人。就这样，朱元璋不费吹灰之力就招募了三千多人马，他的队伍实力迅速增长，早已不可同日而语。得到这个好消息，郭子兴喜出望外，当即派人当面恭喜朱元璋，并且希望朱元璋能进一步扩大势力。

攻下驴牌寨之后，朱元璋锁定了下一个目标——缪大亨。在定远附近，缪大亨的势力是最为强大的。他曾经是起义军的首领，后来被元朝将领张知院拉拢和胁迫，改为给元朝廷效力。缪大亨的部众多达两万人，所以朱元璋仅靠威胁是不可能收服缪大亨的。为此，他与徐达、汤和等人商议之后，定下了夜袭横涧山的锦囊妙计。

这时，缪大亨早就听说了朱元璋的光辉事迹，尤其是当得知朱元璋只率领三百士卒，就顺利收服了驴牌寨三千人马之后，他非常忐忑，生怕自己也中了朱元璋的圈套，或者被朱元璋偷袭。然而，朱元璋足智多谋，防不胜防。即使缪大

亨提前做好了各种准备，也还是被朱元璋施展妙计活捉了。监军张知院得到朱元璋活捉了缪大亨的消息，吓得连夜逃走了。缪大亨率领的原本就是一群乌合之众，军心涣散，此刻更是纷纷投降朱元璋。就这样，朱元璋的兵马从三千人，一夜之间成为两万多人。

朱元璋根据不同红巾军队伍的特点，采取不同的策略，在短短的时间内居然收降了大概三万人马。一时之间，朱元璋威风凛凛，声名远扬。朱元璋不仅要管理好这三万红巾军，还要与当地的七万多百姓搞好关系，才能真正率领队伍立足下来。为此，朱元璋当即下令整顿军纪，要求全体将士一定不要抢夺老百姓的东西。在他的三令五申之下，队伍军纪严明，树立了良好的口碑。从此之后，朱元璋树立了自己的威信，获得了更大的人生舞台。

当时，起义军的大首领刘福通占领了中原的地盘，为了避开刘福通，朱元璋决定向东南进发，谋求发展。制定了这个策略后，他率领三万大军朝着滁州行进。很快，他就来到了妙山附近。当年，他四处乞讨，还故意避开这座山。此刻，他故地重游，百感交集，突然产生了一个想法，那就是攻下这个山寨。朱元璋正准备和徐达商议攻打山寨的事情，突然看到有一些男女老少正站在前面不远处，还提着壶举着

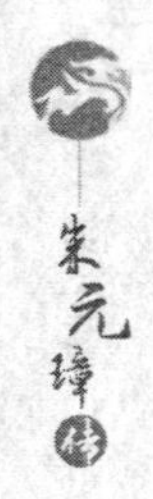

盆。朱元璋不明所以，赶紧派人前去询问情况。这时，他想起古人所说的“箪食壶浆以迎王师”，不由得暗自窃喜，认为他的队伍在老百姓心目中是仁义之师，却又缺乏自信，感到怀疑，生怕这是一个圈套。

就在各种想法接连涌现出来的时候，他派出去打探消息的人回来了，还带回来两位中年儒生。原来，这两位儒生来自妙山，是一对亲兄弟，分别是冯国用和冯国胜。冯氏兄弟是读书人，原本只想一心一意做学问，这是因为天下大乱，才特意来请武师。看到冯氏兄弟的打扮，朱元璋感到特别好奇。听到冯氏兄弟说起话来温文尔雅，头头是道，忍不住对他们生出敬佩之心。他当即谦逊地向冯氏兄弟请教如何平定天下，冯氏兄弟知道朱元璋的确心有大志，因而决定尽全力辅助朱元璋。从此之后，冯氏兄弟成了朱元璋的参谋。

朱元璋不虚此行，原本得到冯氏兄弟相辅佐，他已经倍感欣喜了。没想到，第二天，队伍行进途中，他又得到了李善长。以现在的知识体系进行评价，李善长算是个政法系的高才。此外，李善长还曾经在家乡担任过一些职务，所以很有威望。为此，朱元璋让李善长担任书记，负责筹备粮运。李善长始终鼓励朱元璋要向刘邦学习，还把自己比作萧何，

由此可见，他很自信。在辅助朱元璋方面，他毫无保留，拼尽全力，尽职尽责。

一天晚上，朱元璋处理完繁杂的军务之后，召来李善长谈论时事。有了李善长、冯氏兄弟等人在身边作为智囊团，朱元璋的实力迅速增长。很快，智囊团里的谋士们都建议朱元璋当机立断攻占南京，并且把南京作为根据地，再向各个方向征战，这样一统天下也就指日可待了。为此，朱元璋当即确立了近期目标——攻占南京。和以往相比，他的远期目标也变得更加清晰了。迄今为止，朱元璋还从未想过自己有朝一日要当皇帝呢。

趁着军中士气旺盛，朱元璋加快速度朝着滁州行进。不想，在来到一处树林中时，却毫无防备地中了元军的埋伏。花云提剑一跃而上马背，一马当先英勇迎战，把敌人杀得丢盔弃甲，闪避不及。在花云的强大攻势下，敌人的进攻势头被强压下来，各部先锋马上跟上，以一当十，如同猛虎下山，锐不可当。元军主将向南逃往集庆，朱元璋命令指挥部队乘胜追杀，很快就攻克了滁州。进入滁州之后，朱元璋设置了帅府，打开了粮仓，还招募了很多人马。一时之间，朱元璋兵强马壮，名声大振。

才进入滁州几天，朱元璋每天都忙于处理军务。这天，

他刚刚处理完军务，正准备休息呢，亲兵禀报说有一对衣衫褴褛的母子来寻亲。朱元璋赶紧让亲兵放行，并且引着来人到他的面前。原来，他大哥的遗孀和次子前来投奔他了。他们衣衫褴褛，境况窘迫，看起来是一路行乞才到达滁州的。看着亲人如此落魄，朱元璋既因为与亲人重逢而感到高兴，也因看到亲人这么不堪而感到悲伤。他赶紧让亲兵为嫂子和侄子安排好食宿，就拉着侄子的手坐到自己的身边，又询问大嫂分别之后的情形。几天之后，朱元璋的二姐夫李贞也带着儿子李文忠找来了。李贞父子的情况比起大嫂和侄子也好不到哪里去，看起来同样和乞丐无异。朱元璋当即命令手下的人为李贞父子准备好新衣服和很多生活用品。朱元璋的侄子朱文正，比他的外甥李文忠大三岁。李文忠见了朱元璋之后，紧紧地拉着朱元璋的衣襟不愿意放手。李贞哭着把上次分别之后发生的所有事情都告诉了朱元璋。朱元璋想起自己曾经在二姐家得到了热情的招待，不由得产生了恍如隔世的感觉。后来，侄子朱文正和外甥李文忠都成为朱元璋的得力干将，帮助朱元璋争夺天下效力。

打造仁义之师，攻占长江以南

虽然朱元璋顺利攻占了滁州，为自己谋取了一席之地，但是他的到来并没有使老百姓们真正过上好日子。因为接连发生战争，土地减产，甚至颗粒无收，老百姓缺衣少食。有一天，李善长把老百姓生活的状况告诉了朱元璋，说因为旱灾而不能顺利征收军粮。朱元璋既关心征收军粮，也担心百姓的生计问题，因而愁眉不展。正在此时，他遇到了书生杨元杲。得知杨元杲正在寻找解决之法，朱元璋非常感兴趣，连忙追问。杨元杲建议朱元璋去柏子潭龙祠求雨。朱元璋意识到杨元杲的用意，次日一大早就大造声势，去柏子潭求雨。百姓们都聚集在柏子潭，看见朱元璋虔诚地在潭边跪拜。到了第三天，随着一声惊雷，果然天降大雨，缓解了大旱。从此之后，百姓们都对朱元璋交口称赞。朱元璋赶紧派人请来杨元杲，并且让杨元杲在帅府担任重要的职务。随后，朱元璋乘势向滁州四周发兵，努力扩张地盘，因为收拢

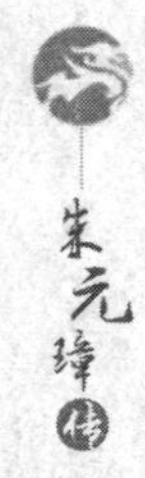

了军心和民心，他攻无不克，战无不胜。

朱元璋在滁州发展顺利，郭子兴和赵均用等元帅也顺利攻占了泗城州。彭大死后，他的儿子彭早住袭称鲁淮王，和孙德崖、赵均用等元帅和平共处。因为他们同仇敌忾，团结起来，所以郭子兴屡次受到排挤，甚至被设计相害。幸运的是，郭子兴的女婿朱元璋在滁州势力强大，所以他们才有所忌惮，不敢公开讨伐郭子兴。但是，他们并不甘愿留下郭子兴和朱元璋，所以想出了一条毒辣的计谋，想要一次性除掉郭子兴和朱元璋。他们以王府的名义，号令朱元璋负责镇守盱眙。朱元璋知道盱眙距离他们的驻地很近，他们会借此机会把他和郭子兴一网打尽，因而根本不想听从他们的号令移兵盱眙。然而，如果朱元璋不听从他们的号令，郭子兴又会产生猜忌。一时之间，朱元璋进退两难，只好与李善长商议这件事情。

即便朱元璋小心翼翼，郭子兴也难以完全消除猜忌之心。很快，他就带着一万人马来到滁州，要收回兵权。得到郭子兴要来的消息，朱元璋出城相迎。郭子兴拿回兵权后，当即对自己带来的一万人马和朱元璋的三万多人马进行检阅，命令两队兵马分别演练。他看到自己的队伍军纪松垮，军容邋遢，而朱元璋的队伍军纪严明，军容整肃，不由得感

到非常羞愧，又感到十分欣慰。他当即严厉责罚自己的将领，而对朱元璋的治军才能赞不绝口。他不知道的是，这严重激发了两支队伍之间的矛盾，也使他手下的将领们更加嫉妒和憎恶朱元璋。这时，郭子兴的儿子故技重施，再次在郭子兴面前说朱元璋的坏话，还说朱元璋只是假装交出兵权，实际上还掌握着对队伍的绝对控制权。这使郭子兴对朱元璋越来越猜忌，而朱元璋却保持沉默，既不反驳，也不辩解，只是每天都谨慎地去给郭子兴去请安。其实，朱元璋并非对郭子兴心服口服，而是要为自己树立“仁义”的形象，才能换来他人的仁义。就这样，朱元璋在两个多月的时间里始终忍气吞声，绝不张扬，全体将士都亲眼目睹朱元璋对郭子兴忠心耿耿，因而都很敬佩朱元璋。

看似平静的表面下暗流涌动，然而，这表面的平静也很难维持了。不久之后，外敌侵犯，打破了这份大家都心照不宣保持着的平静。至正十四年（1354年）十一月，元朝丞相脱脱带领几十万重兵攻击六合城。当时，六合城是赵均用驻守的。眼见情况危急，赵均用急忙向朱元璋求救，朱元璋却让赵均用求助于郭子兴。郭子兴毫不迟疑地拒绝援助赵均用。然而，六合与滁州唇齿相依，朱元璋劝说郭子兴出兵援助赵均用，郭子兴意识到六合的重要性，想要帮助赵均用，

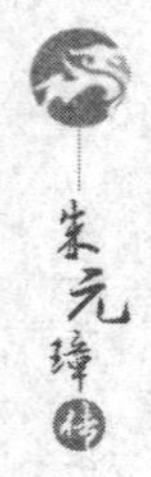

却害怕几十万元军，因而迟疑不定。这个时候，郭子兴不好意思直接派朱元璋率兵援助赵均用，只好委婉地提醒朱元璋去算卦。朱元璋得到郭子兴的这个强烈信号，当即主动请缨，拒绝算卦。郭子兴大喜，当即让朱元璋率领一万人马前去支援赵均用。

朱元璋率领兵马火速赶到六合，发现六合城岌岌可危。朱元璋知道死守六合城根本不可能打败元军，因而决定出奇谋，帮助赵均用战胜元军。朱元璋出奇制胜，很快就扰乱了元军的军心，使元军不敢贸然进城。那么，朱元璋的策略是什么呢？原来，他命令六合城里所有的妇女都去城楼上对元军破口大骂，还要配合着跺脚拍手等动作，这让元军丈二和尚摸不着头脑，更不敢轻举妄动。趁此机会，朱元璋安排全城的人马有序地从六合城撤退，退守滁州。

很快，元军回过神来，赶紧组织兵马追击。然而，他们迫不及待地追击，又中了朱元璋的埋伏，丢盔弃甲而逃，损失惨重。从表面来看，朱元璋指挥的这场战斗大获全胜，实际上却危机四伏。六合城里的人马虽然已经退守滁州了，但是根本无法抵御元军的进攻。为了避免元军卷土重来，朱元璋派滁州城里的父老乡亲们把缴获来的马匹和枪械都送还给了元军，并且真诚地告诉元军：“我们都是良民，为了防御

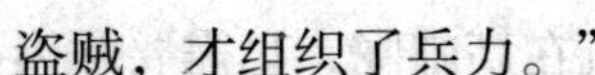

盗贼，才组织了兵力。”

元兵不忍心对手无寸铁的老百姓下手，因为他们真正的目标是占领高邮，围剿张士诚。因而，他们决定不再攻打城池，而是当即撤走了所有的人马。就这样，滁州安全了。

经此一战，朱元璋意识到对待元军不能以硬碰硬。在后来的数次征战中，他始终避免与元军正面冲突，而是在其他队伍与元军针锋相对的时候，悄悄地躲在后方积蓄力量，等到时机成熟的时候，再一举制胜。此外，他也没有把元军看成是水火不容的死对头。有的时候，他还会审时度势，主动联系元军。

朱元璋有过人的胆识和英勇的气魄，正是因为如此，他才能帮助赵均用解围，又能够确保滁州城平安无事。看到朱元璋马到成功，郭子兴觉得自己这几年来受到的委屈都一扫而空了。他动了称王称霸的心思。

将领们得知郭子兴想要称王称霸，全都表示支持。对此，朱元璋却持反对意见。因为害怕招致郭子兴不满，也怕引起各位将领的嫉妒，朱元璋没有直接表达反对的意思，而是委婉地劝说郭子兴眼下还不是称王称霸的好时机。听到朱元璋分析得头头是道，郭子兴尽管觉得扫兴，却也无法反驳。他最担心的就是引来元兵对他发起进攻，那可就得不偿

失了。要知道，元军的主力军此刻就在高邮呢，只需要两天时间，他们就能从高邮杀到滁州，那么郭子兴的好运也就到头了。如果滁州失守，那么郭子兴称王称霸还有何意义呢？这么想来，郭子兴暂时打消了称王称霸的念头。

滁州暂时恢复了平静。这时，义士胡大海赶来投靠朱元璋。朱元璋看到胡大海威风凛凛，当即任命胡大海为滁州义军先锋官。自此之后，朱元璋潜下心来，在滁州扎根，积蓄力量。在此期间，元军不再盯着赵均用和郭子兴，而是把目标定在高邮，想要剿灭张士诚。

张士诚本是个大盐贩子，富得流油。他虽然已经称王了，但是只占有很小的地盘。他并不急于扩张自己的领地，而是如同井底之蛙一样因为据守高邮就沾沾自喜。和领地面积相比，他更看重级别。就这样，他越来越不知道天高地厚，出尽了风头，成了“出头鸟”。俗话说，枪打出头鸟，张士诚正是因为风头太盛，才会引来几十万元军。幸好这个时候元朝内部正在如火如荼地进行政治斗争呢，所以张士诚才能侥幸战胜元军。得知高邮的张士诚战胜了元军，全国各地的起义军都士气大振，如同打了鸡血一样精神抖擞。有些起义军原本已经进入蛰伏状态，现在也活跃起来，蠢蠢欲动，想要借此机会壮大队伍，谋求发展。

和其他起义军一样，郭子兴也动了心思。既然暂时不能称王，他就想趁机多占领地盘，扩大领地。滁州城里虽然有很多人马，但是缺乏粮食，郭子兴为此感到担忧。才刚刚过完年，郭子兴就召集诸位将领商议接下来的作战计划和发展计划。当然，郭子兴也邀请了大功臣朱元璋。朱元璋可不想让郭子兴长久地留在滁州，他自己则早就对集庆垂涎三尺了。借这个机会，他对郭子兴旧话重提，建议郭子兴向南直取和州。郭子兴采纳了朱元璋的建议，命令妻弟张天祐率领大军向着和州进发。

张天祐派身强体壮的胡大海担任前锋，率领队伍冲锋上阵。张天祐自己则带领着伪装成元军的队伍，带着骆驼队和货物出发赶去和州。一路上，他们还得到了拥护元军的老百姓的热情招待。这使他们行进的速度比耿再成的队伍慢，因此耿再成先于他们到达了和州。原本，张天祐和耿再成约定以点火为信号一起进攻和州，但是张天祐迟到了，耿再成却误以为张天祐已经发起了进攻，因而当即率领大军攻城。元军紧闭城门，很快就击败了耿再成，耿再成火速撤退，元军追踪了三十里之后鸣锣收兵。此时，张天祐率领队伍正巧赶到，因而当即突然袭击了元军。元军还以为中了耿再成的埋伏，惊魂不定，火速逃跑。就这样，张天祐的队伍和元军展

开了一场激战。在这场激战中，张天祐顺利夺取和州。这个时候，耿再成已经率领队伍逃回了滁州，把惨败的经过汇报给了郭子兴。郭子兴得知耿再成被元军打败，不由得感到很沮丧。这个时候，朱元璋胸有成竹地说："父帅先不要急于难过，请静候佳音。"

朱元璋神机妙算，这使郭子兴对朱元璋更加刮目相看。虽然郭子兴不想让朱元璋的势力得以发展，但是他又要处处仰仗朱元璋，这使郭子兴的心态很复杂。这个时候，元军送信给郭子兴劝降。郭子兴很慌乱，因为此刻滁州城内很空虚，朱元璋却胸有成竹。他让卫兵们分别守卫在三个城门两侧，等到元使到来的时候，卫兵就强迫元使匍匐在地，进入郭子兴的营帐。元使对于受到这样的待遇勃然大怒。俗话说，两兵交战，不斩来使，那么朱元璋为何要这么做呢？其实，朱元璋恰恰是为了激怒元使，使元使对郭子兴不满，进而表现得无礼。诸位将士当即就要斩杀元使，朱元璋却阻止了他们，建议当即驱逐元使。就这样，郭子兴派人赶走了元使。不久之后，元军得知和州失守，便解除了对滁州的围困。这个时候，郭子兴还不知道和州失守的消息呢。

郭子兴命令朱元璋率领两千人马朝着和州出发，一则可以沿路消灭败军，收罗残军，二则可以寻找机会再次对和州

进行攻击。这一路上，朱元璋收了一千多人，这样一来，他总计拥有了三千人马。他率领三千人马的队伍浩浩荡荡地来到和州，这才知道和州失守。他当即率领队伍进入和州，又赶紧派人把和州失守的好消息告诉了郭子兴。郭子兴得报喜出望外，当即升朱元璋为总兵马，统率和州兵马，他也更加器重和仰仗朱元璋了。

朱元璋率领三千人马进驻和州，发现城内满目疮痍，满地废墟。少有老百姓在街道上行走，女人更是藏得不见踪迹。偶尔有人从街道上经过，如同过街老鼠一样神色慌张。朱元璋不知道和州城内为何是这样的景象，当即询问李善长事情的原委。原来，小张夫人的弟弟张天祐不善于治理军队，导致队伍在进入和州之后，将士们烧杀掳掠，而且祸害良家妇女。李善长敢怒不敢言，只好委婉地告诉朱元璋真相，希望朱元璋能够采取一些措施改善局面。听到李善长的讲述，朱元璋还不是很明白，着急地让李善长不要兜圈子，而是要一针见血地指出问题所在。李善长把心一横，不顾后果地说："我们必须打造真正的仁义之师，才能得到老百姓的欢迎和拥戴，也才能真正做到拯救老百姓。"

得知真相之后，朱元璋当即去找张天祐反映情况。不想，张天祐不以为然地说："以前发生的事情既往不咎，以

后禁止再发生同样的事情。”听到张天祐的话，朱元璋很生气，决定要抓住兵权。同时，他也认识到郭子兴给他的人马都是桀骜不驯的老将士，他不管是在年龄方面，还是在资历方面，都很难让这些老将士心服口服。他决定采取以术驭将的策略，在全体将士面前露点儿真才实学，这样才能树立威信，从而为治理好军队做好准备。当然，朱元璋绝不鲁莽。他决定先试探试探各位将士的反应，再决定后面到底要怎么做。为此，朱元璋想出了一个好办法。开会的时间到了，朱元璋姗姗来迟。他发现，诸位将领并没有给他留下右首的座席，而只给他留了左首最末尾的座位。他佯装毫不介意地坐下给大家开会。因为提前做足了充分的准备，所以朱元璋说得慷慨激昂，条分缕析。那些曾经质疑朱元璋的能力，并且丝毫不把朱元璋看在眼里的将士们，意识到朱元璋的确是有真才实学的，也很善于带兵打仗，这才对朱元璋服气一些。这样的会议举行了几次之后，诸位将士都自觉主动地把右首的坐席留给朱元璋，再也没有人把朱元璋挤到角落里的座位就座了。见此情形，朱元璋如释重负，他知道自己终于驯服了这群将士，未来的工作就更便于展开了。

朱元璋进驻和州没多长时间，江南的元军就开始行动起来，想要围攻和州。为了应对元军，朱元璋当即召开会议商

讨对策。很多将领都建议掠尽财物，马上撤往滁州。朱元璋则提出要誓死捍卫和州，因为唯有如此，才能以和州作为桥头堡，向东进攻集庆。为了更好地守卫和州，朱元璋还要修葺几经战乱已经破损不堪的城墙。他马上就调动很多兵力抢修城墙，三天之后，徐达就带领士兵们把西门那段城墙修筑得固若金汤了。然而，其他老将领根本不把朱元璋的命令放在眼里，他们消极怠工，认为即使修筑了城墙，也无法抵挡元军的猛烈攻势。

第四天清晨，议事厅传来咚咚咚的鼓声。原来，朱元璋又在召集诸位将士开会了。前一晚上，那些将士们通宵达旦，彻夜狂欢，所以即使响起了鼓声，他们也拖延了很长时间，才睁开惺忪的睡眼，一边打着哈欠，一边走进议事厅。他们刚进入议事厅就察觉了不对劲。原来，议事厅里只剩下一张主将的公案，其他的东西全都不见了。朱元璋满脸严肃地端着一支描金令牌，从后堂走到案前就座。然后，他拿出郭子兴的令牌摆放在桌子上，诸位将领看到令牌如同面见元帅，当即对着令牌行跪拜大礼。朱元璋厉声呵斥道："郭元帅任命我担任总兵，我就要一丝不苟地处理军家大事。如今，很多将领都没有完成修筑城墙的艰巨任务，如何能够在战争中获得胜利呢？"说完，朱元璋就命令汤和、徐达等抓

捕那些没有完成任务的将领。这个时候，李善长等人赶紧跪下为诸位将士求情。诸位将士看到朱元璋动真格的了，全都吓得面无血色，跪在地上不停地认错、求饶。朱元璋愤恨地说道："今日念在各位都有军功在身，暂且饶过。但是你们都要记住，下不为例。否则，我一定毫不手软地将再犯的将士斩首示众。"诸位将士全都吓得不敢吭声，从此之后，再也没有人敢无视朱元璋的命令了。

在和州保卫战中，朱元璋仅率领一万兵马，就战胜了元军的十万大军。他不仅完成了坚守城池的任务，还能够出城与元军对抗，可谓用兵如神。自从这一战之后，那些老将士们都对朱元璋心服口服，就连元帅夫人的弟弟张天祐也很尊重朱元璋。

郭子兴的队伍中鱼龙混杂，还有很多罪犯。很多士兵在攻入城池之后，就会肆无忌惮地欺压百姓，巧取豪夺。为此，谋士范常不止一次地提醒朱元璋，一定要管理好军队。为了杀鸡儆猴，让其他将士们有所忌惮，朱元璋斩杀了几个违反军纪的士兵，但收效甚微。为此，朱元璋忧心忡忡，甚至在家里焚香祷告，希望自己能够管好队伍，成就大业。

这一天，朱元璋正在祷告呢，马秀英进来了。她听见朱

元璋的祷告，建议朱元璋要满足将士们的需求，考虑将士们的感受，而不要大开杀戒，这样才能人心所向，天命所归。马秀英的话使朱元璋恍然大悟，他意识到只靠着大开杀戒是不可能让所有人都对他心服口服的，只有宽大为怀，体恤将士们的苦恼，才能真正地让他们归顺，也主动地遵守军队的纪律。朱元璋当即就采取了相关的措施，果然将士们越来越愿意遵守军纪。然而，还有一个问题困扰着朱元璋，那就是很多将士都会犯作风问题，祸害妇女。朱元璋决定杀一儆百。他抓住犯了作风问题的王得贵，当即斩首示众。他还责令遣散军队中的妇女，让她们回家，与家人团聚。就这样，妇女们得以回家，老百姓对朱元璋的队伍越来越拥护和爱戴。有些老百姓还找到总兵府，说朱元璋带领的队伍是仁义之师呢！

整肃军队之后，朱元璋终于可以暂时放下心来。他带领军队驻扎在和州，与围城的元军僵持不下整整三个月。后来，他虽然战胜了元军，但是急需解决吃饭问题。思来想去，他决定主动出击，很快就带领队伍打败了秃坚、绊任马等人的队伍。就这样，朱元璋缴获了大量物资，解决了将士们的吃饭问题，又一鼓作气，带领队伍奔赴鸡笼山。然而，鸡笼山并没有守军，也没有油水，所以朱元璋又带着队伍返

回和州。

不过，在鸡笼山发生了一件奇怪的事情。朱元璋率领队伍进抵鸡笼山侧，让队伍就地休息，朱元璋也因为极度疲倦而打起盹来。这个时候，草丛里爬出一条小蛇，爬到了朱元璋的胳膊上。随从们见此情形都惊讶地大叫起来，朱元璋睁开眼睛一看。哇，这条小蛇居然有足，很像没有角的龙。朱元璋大为惊奇，认为这条小蛇绝不普通。他当即在心中默默祷告："小蛇啊小蛇，如果你真的有灵性，请爬到我的帽缨里休息吧。"小蛇真的按照朱元璋的祈祷，钻到了朱元璋的帽子里。朱元璋把帽子戴在头上，直到吃完饭取下帽子时，惊讶地发现小蛇在帽子里睡得正香呢！朱元璋高兴地弄醒小蛇，小蛇一点儿都不害怕，也没有要走的意思，而是停留在原地和朱元璋对视，仿佛它真的明白朱元璋的心意一样。

这时，朱元璋准备喝酒，小蛇陪着朱元璋喝了一小盅酒之后，才带着醉意爬到屋子的角落里消失了。朱元璋告诉参谋们小蛇的表现，参谋们都说这条小蛇是"神龙"。朱元璋闻言大喜，更加坚定了要独揽军权的决心。

朱元璋带领队伍日夜行军，才刚刚到达和州的城郊，就得到消息，说李善长击退了趁着和州内部空虚来袭的贼人。

原本，陈埜先驻守在鸡笼山，得知朱元璋出兵征战，他居然趁机攻打和州。李善长战斗经验丰富，早就做好了充分的防备。得知陈埜先已经兵临城下，他马上率领精锐队伍迎战陈埜先。经过一场拼死搏斗，李善长击退了陈军，陈军损兵折将，仓皇逃走。

朱元璋大力表彰了李善长应对及时，守城有功。继而，他开始制订计划，想要确定未来的发展策略。正在此时，亲兵向朱元璋汇报，说濠州的孙德崖元帅来访。虽然不知道孙德崖这次来访所为何事，但是朱元璋从容不迫地去迎接孙德崖，并且引着孙德崖来到大厅就座。孙德崖倒是不遮不掩，直截了当地说自己是来借粮的。朱元璋刚刚打了胜仗，缴获了很多战利品，因而毫不迟疑地答应了孙德崖的请求。这时，孙德崖居然得寸进尺，想在未来的几个月里借住和州。对于孙德崖的这个不情之请，朱元璋表示拒绝。一则，他担心郭子兴又会因此而怀疑他，二则，他也不那么信任孙德崖。为此，他马上写了一封信给郭子兴，请示是否能让孙德崖借住和州。

这个时候，郭子兴早就对朱元璋在和州的所作所为感到不满了。如今看到朱元璋的亲笔信，郭子兴更是怒气冲天。他当即带领队伍赶到和州，要找朱元璋兴师问罪。得知

郭子兴即将赶到和州，孙德崖当即向朱元璋提出告辞。郭子兴到了和州扑了个空，压根没有见到孙德崖，不由得迁怒于朱元璋，指责朱元璋放走了孙德崖。他马上带领队伍追捕孙德崖。结果，非但没有抓到孙德崖，反而丢了颜面。他怒气冲冲地回到滁州，因为心中怒气郁结，居然得了肝逆症。这种病虽然是实症，却是因为心病而起的。郭子兴一日心病不消，一日郁闷难耐，很快就病重归西了。得知郭子兴的死讯，朱元璋心中暗喜，却装作万分悲痛、伤心欲绝的模样，连夜赶到滁州奔丧。其实，朱元璋对于郭子兴的去世百感交集。毕竟郭子兴是带着朱元璋踏上起义之旅的人。

郭子兴死后，郭氏兄弟都想得到兵权，为此他们把朱元璋视为眼中钉、肉中刺，恨不得除之而后快。他们数次设计毒害朱元璋，却都以失败而告终。对于郭氏兄弟的歹毒用心，朱元璋心知肚明，他只是暗中防范，没有大肆张扬。直到有一天，朱元璋把郭氏兄弟抓了个现行，郭氏兄弟这才有所收敛。从此之后，他们再也不敢毒害朱元璋了，而是与张天祐各自领兵，分开驻扎，相安无事。

朱元璋为了表现出自己的仁义，特意封郭天叙为元帅。郭天叙知道自己在队伍中空有头衔，既没有亲信，又没有威望，而朱元璋才是真正掌握郭家军兵权的人。为此，他只

能压抑自己心中的愤懑。和郭氏兄弟相比，小张夫人则聪明得多。她知道朱元璋在心中暗暗地记恨郭子兴，也知道朱元璋和郭氏兄弟之间向来不和。所以，她通过马秀英与朱元璋套近乎，甚至提出要把亲生女儿嫁给朱元璋当小妾。在当时，朱元璋已经有了正室马秀英，还有小妾郭宁莲。但是，小张夫人对此毫不在意，她想方设法要得到朱元璋的庇护。就这样，朱元璋很快就娶了小张夫人的亲生女儿为小妾，小张夫人找到了新的靠山，终于可以安安稳稳地度过余生了。

一直以来，红巾军内部不合，起义军的各个首领互不服气，常常发生内乱。朱元璋理所当然地接受了郭子兴的队伍。至此，他在滁州与和州两地有十万大军。看到朱元璋兵强马壮，实力雄厚，很多将领都推举朱元璋为淮西义军元帅，朱元璋欣然接受。驻扎在濠州的孙德崖得知这个消息后很生气，因为他也刚刚在濠州义军的推举下，被尊为淮西义军元帅。俗话说，一山不容二虎，淮西义军又怎能容得下两个元帅呢？

才过去没多久，孙德崖就以感谢朱元璋借粮为由，写了一封亲笔信派人送给朱元璋，邀请朱元璋去濠州参加酒宴。聪明如朱元璋，当然知道孙德崖设下的是鸿门宴，因而赶紧

和将领们商量如何应对这件事情。将领们七嘴八舌给朱元璋出了很多好主意，经过一番讨论，朱元璋定下应对之计，这才从容赴宴。

赴宴当日，朱元璋带着大将吴桢一起赴宴，还有五十名精壮士卒隐蔽在暗处，负责保护朱元璋的安全。等到朱元璋去赴宴之后，李善长左想右想怎么也不放心，因而当即请徐达和胡大海率领三千名精兵，紧随其后。此外，郭兴、郭英也分别率领一千名精兵负责接应。如此，朱元璋已经做足了万全的准备。那么，孙德崖能成功地铲除朱元璋吗？

酒宴当日，孙德崖提前赶到濠州城南兴隆坛，又命令大将吴通提前设下伏兵。然后，他就出城十里，迎接朱元璋的到来。从表面看来，孙德崖是非常热情的，的确是想感谢朱元璋。其实，他是想要提早去打探消息。他看到朱元璋只带了五十多人，不由得暗暗叫好，认为自己这次一定能够铲除朱元璋这个心腹大患。

在宴席上，孙德崖以眼神暗示吴通找机会刺杀朱元璋。看到时机成熟，吴通一声令下，事前埋伏好的士卒们一跃而出，全都迫不及待想要杀死朱元璋。这个时候，朱元璋的贴身随从吴桢急中生智，手握宝剑径直奔向孙德崖，趁着吴通等人还没有反应过来的时候，就挟持了孙德崖作为护盾。吴

桢有了孙德崖防身，接二连三地砍死敌兵。这个时候，朱元璋看到有几个刀斧手来到了他的面前图谋不轨，当即手起剑落，杀死了刀斧手。

吴桢挟持孙德崖，让孙德崖护送朱元璋出城。孙德崖万万没想到自己偷鸡不成蚀把米，现在连性命都掌握在吴桢手中。吴桢死死地抓住孙德崖，护着朱元璋，一边防范着敌军，一边退到城门处。这时，徐达和胡大海已经率领大军来到了城门外。孙德崖知道自己性命堪忧，因而甩开吴桢就往回跑。他跑到城门前，却发现城门紧闭。这个时候，赵均用站在城门上大声喊道："别开门，别开门！朱元璋杀回来了！"孙德崖震惊不已，万万没想到自己机关算尽，却中了赵均用的奸计。他略微迟疑，胡大海就追上来一斧头劈在他的身上，他马上倒地身亡。看到孙德崖一命呜呼了，孙和、吴通等人带人与胡大海等人厮杀起来。他们很快就落了下风，想要回城，却发现城门紧闭。这时，徐达带领队伍从侧翼包抄过来，与孙和打了起来。最终，孙和与吴通都被打败了。

看到战斗结束，朱元璋下令回和州。徐达却建议要趁着胜利的势头，攻入城内。这个时候，朱元璋说："赵均用早有预谋，而且我说过不斩杀他的人马。我们都是红巾军，

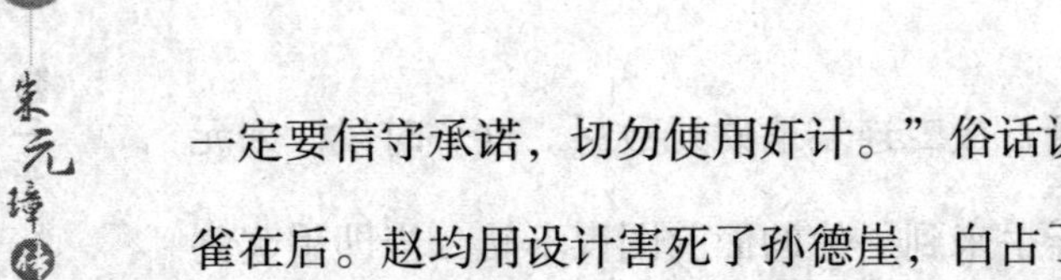

一定要信守承诺，切勿使用奸计。”俗话说，螳螂捕蝉，黄雀在后。赵均用设计害死了孙德崖，白占了大便宜。赵均用在对孙家斩草除根之后，就带着孙德崖的人自立门户了。至正十七年（1357年），赵均用自立为王，称永义王。这个时候，朱元璋已经成为淮西义军的最高指挥者，掌控了整个淮西地区。

至正十六年（1356年），红巾军不断发展壮大，形势大好。朱元璋不想继续留守淮西了，而是想要建立根据地。他对自己的实力充满自信，认为自己有能力打下更为广阔的天地。谋士们建议朱元璋攻占集庆，作为根据地。然而，元军以重兵把守从和州到集庆的这条道路，所以朱元璋很难直接攻取集庆。所以朱元璋只能步步为营，接近集庆。与谋士们达成共识之后，朱元璋确定了由北向南的战略，决定饮马长江，占领富庶之地。

这个时候，常遇春来投奔朱元璋了。朱元璋听说常遇春是绿林出身，以为常遇春是想来队伍里混口饭吃的，因而对常遇春的态度很冷淡。得知常遇春是特意来投奔自己的，而且勇敢无畏，朱元璋这才欢迎常遇春的到来。后来，胡大海又介绍了邓友德加入朱元璋的队伍。此后，常遇春和邓友德都成为朱元璋的大将。在援救巢湖水师的战斗中，常

遇春带领先锋队冲锋在前，不怕流血牺牲，立下了赫赫战功。后来，朱元璋拜常遇春为总管府先锋，非常信任和器重常遇春。

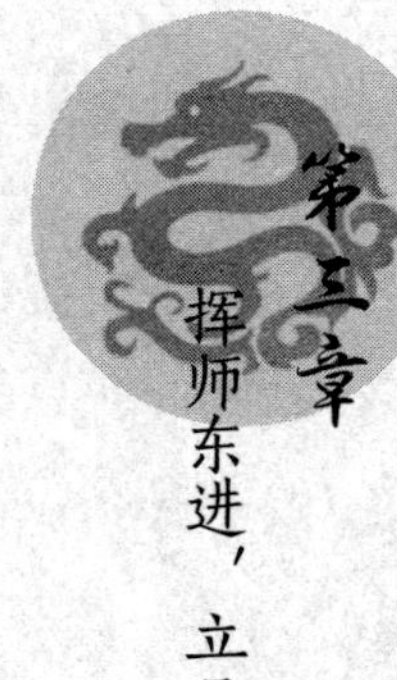

第三章 挥师东进，立足江南

挥师东进，与张士诚反目成仇

朱元璋率领队伍攻占采石矶后，发现江南果然名不虚传，是真正的鱼米之乡。他们看到老百姓家家有余粮，而且街道上有很多米店。在野外，成群的牛羊在山坡上悠闲地吃草。见此情形，朱元璋的队伍马上停止追击元军，而是四处抢夺粮食。他们全都误解了朱元璋，以为朱元璋只是为了抢夺粮食呢。又因为想到家眷还在和州忍饥挨饿，所以他们当即准备运送粮食回到和州。见此情形，朱元璋赶紧召来徐达和胡大海等将领商议大计。他再次强调了要以这里为落脚点，攻入集庆，将来把集庆作为根据地。为此，他要求将领们马上制止士卒们抢夺粮食，祸害百姓，而是要继续领兵前进。

听到朱元璋的命令，徐达为难地说："大帅，弟兄们一直饿着肚子，见到粮食岂有不抢之理。而且，大帅也曾经承诺弟兄们到了江南就能吃饱肚子，所以这件事情很难办。"

徐达把话说到其他将领的心里去了，其他将领纷纷点头表示赞许。朱元璋有些生气，说：“如果只是为了一时的口腹之欲，就耽误了大计，那可是得不偿失。”徐达看到朱元璋面露愠色，当即提议进攻太平。徐达的建议正合朱元璋的心意，朱元璋马上面露微笑，说道：“我正有此意。大家马上去集合队伍吧，我有办法顺利攻入太平。”在朱元璋的指挥下，胡大海和常遇春分别带领一队人马去了江边，砍断了自家船只的绳索。江水湍急，船只马上被江水带走了，转眼之间杳无踪迹。次日早晨，朱元璋召集各级将领来到江边，说是准备渡江返程。然而，江边空空如也，根本没有船只可用。将领们全都惊慌失措，常遇春得到朱元璋的授意，趁此机会提议道：“既然暂时无法过江，我们何不攻取太平，再过几天逍遥自在的日子呢！”徐达也赶紧附和。

朱元璋对全体将士说：“各位，我们只能靠着从采石矶的收获度过两三个月。既然我们想要成就大业，就不要只顾着贪图小便宜。接下来，我要带领大军进取太平。在太平城里，不但有粮食，还有珠宝、美女。只要攻下太平，我还会给各位升官晋爵。如果我们能在这片富裕的地方扎下根来，又何愁以后没有好日子过呢！就算你们不愿意留在这里，也可以衣锦还乡，风光无限。所以各位千万不要只顾着抢粮

食，而葬送了未来的好前途啊！”

朱元璋说得有理有据，还为大家描绘了美好的未来。听了朱元璋的话，全体将士都斗志昂扬，仿佛已经看到了攻入太平之后过着好日子的情形。要知道，他们已经距离太平非常近了，这远比想方设法地渡江回到和州来得更容易。为此，他们一个个都热血沸腾，摩拳擦掌，恨不得当即就攻入太平。看到朱元璋来袭，太平守城的将领紧闭城门，试图拖延时间，等待援军到来。然而，朱元璋下令不惜一切代价也要攻入太平，所有大军一拥而上，给予太平的各个城门以猛烈的攻击。元军的将领看到朱元璋的队伍来势汹汹，自知不敌，总管靳义投水自尽，守将纳哈被朱元璋的队伍活捉，很多士卒都逃之夭夭了。

终于攻入了太平，将士们暗自窃喜，心想：这下子终于可以狠狠地大捞一笔了。他们做着美梦，带着希望，沉浸在香甜的睡眠中。然而，朱元璋彻夜未眠，他连夜撰写了告示，让李善长和冯国用等人，把告示张贴在城里每一个显眼的地方。次日清晨，将士们兴高采烈地去到街道上，准备肆无忌惮地打砸抢，却发现一夜之间全城都贴满了告示，禁止烧杀掳掠，禁止祸害百姓，禁止夜不归营。此外，大街小巷里都是巡查队正在四处巡查，将士们很清楚违反这三个禁止

是要掉脑袋的，为此他们全都时刻提醒自己，要遵守命令。当然，也有极个别人不把朱元璋的命令当回事。这不，有个小小的士卒擅自闯入民宅被发现了，朱元璋当即命令将其斩首示众。从此之后，每一个人都知道军中无戏言，也才开始特别重视朱元璋的命令。

朱元璋双管齐下，一边整肃军纪，一边安抚百姓，很快就收服了民心。后来，他得知太平总管靳义已经英勇赴死了，不由得对靳义连声称赞。陈迪是太平城里首屈一指的大富豪。看到起义军不拿百姓一针一线，自己家的财产也都得以保全，他当即献出了很多金银财宝，表示对起义军的慰问。这时，朱元璋命令统帅们把太平府库里的金银财宝，以及陈迪捐赠的财帛，全都分给全体将士。看到朱元璋言出必行，将士们都忘记了看到告示的不快，全都感到心满意足，也对朱元璋更加信服。当然，依然有极个别人对朱元璋心怀不满，甚至深深憎恨朱元璋。

有一天晚上，朱元璋和几位统帅喝酒庆功，还邀请了刚刚加入他们队伍的几位将士，借此机会沟通感情，增进关系。酒过三巡，水军头领李国胜来邀请朱元璋赴宴。原来，他们明日要在水师营举行宴会。朱元璋不假思索地接受了李国胜的邀请。宴席结束时已经是深夜了，朱元璋醉醺醺地回

到住处，思考着明天需要处理哪些事情。正在此时，亲兵向他秉报，廖永安和廖永忠兄弟求见。朱元璋感到很纳闷，因为他经常会与廖氏兄弟见面，他们到底有何紧急的事情，要在这个时候求见他呢？这么想着，朱元璋让亲兵赶紧带着廖氏兄弟来见他。廖氏兄弟进来之后开门见山地告诉朱元璋，李国胜要谋杀他。得知这个消息，朱元璋深感震惊，他叮嘱廖氏兄弟对此事严加保密，就开始考虑对策。

次日，朱元璋召开会议，会议的主题就是招贤纳士，以及如何管理好太平。大家误以为朱元璋要驻守太平，只有几位高参知道朱元璋真实的意图。原来，朱元璋之所以要镇守太平，是为了阻挡元军的进攻，这样他就能更加顺利地攻下集庆。他之所以现在就与大家讨论未来的规划，就是希望大家都和他一样有远大的理想和抱负，一定要善待百姓，而不要失去民心。当然，朱元璋现在召开会议还有另一个重要原因，那就是要表现出一切如常的样子，这样才能避免惊动李国胜等人。

到了晚上，朱元璋假装毫不戒备的样子，只带着耿炳文来到水军的营地赴宴。李国胜居心叵测，故意向朱元璋敬酒，很快，朱元璋就喝醉了。他借着酒劲开始胡言乱语，甚至指责李国胜。李国胜万万没想到朱元璋居然会先发制人，

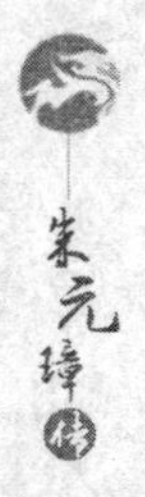

又分不清楚朱元璋所说的话是真还是假，因而愣住了。趁着李国胜愣神的机会，朱元璋的亲兵手握大刀，还拿着绳索，一拥而入，捆绑了李国胜。这个时候，冯国用向朱元璋请示如何处置李国胜，李国胜才知道朱元璋是有备而来，当即破口大骂。冯国用建议把李国胜丢入江里，朱元璋表示同意。就这样，被五花大绑的李国胜被扔进了江里，一命呜呼了。

李国胜谋反的事情让朱元璋意识到一个问题，那就是他的队伍越来越大，队伍里有很多招降的将士，也有些人是自己主动归附来的。这些人与朱元璋并没有深厚的感情，也就谈不上对朱元璋忠心耿耿。朱元璋尽管已经竭尽全力做到笼络人心，也采取恩威并施的方式树立威信，但是不可能在短暂的时间里真正收拢人心。所以他在深思熟虑之后，决定在各个队伍中安插眼线，组建密报机构，这样他就相当于有了通天眼，可以在第一时间知道各个队伍的动向，也能及时处理和应对。最终，他命令冯国用负责建立密报机构，并且亲自甄选密报人员。冯国用是亲兵的统帅，负责保卫朱元璋的安全，为此他承担起这个重任是最为合适的。他千挑万选出最合适的密报人员后，还亲自训练他们，然后把他们分散到各个队伍中。从此之后，朱元璋对各个队伍里的风吹草动都一清二楚，他始终沿用这种方式管理队伍，取得了很好的效果。

朱元璋进驻太平城之后，一边严明军纪，禁止惊扰百姓的正常生活，避免扰乱民心，一边融入当地的上流社会，结交了很多贤士。贤士们看到朱元璋的队伍军纪严明，和元军不同，和其他起义军也大不相同，因而纷纷来给朱元璋提出建议，出谋划策。城中的贤人义士都纷纷前来面见，提出自己的意见。

陶安听说朱元璋的队伍与众不同，特意带着全家来拜见朱元璋。朱元璋看到陶安谈吐不俗，因而询问陶安对他攻集庆有何见解。陶安建议朱元璋当即占领集庆，这个意见与朱元璋的参谋冯国用与李善长等人不谋而合。朱元璋见识了陶安的能力，又看到陶安很识时务，因而想要采纳陶安的建议，稳定军心。

很快，元军就对太平展开了进攻。朱元璋率领大军英勇应对元军，还收服了一员大将陈埜先。他们打败了元军的进攻，太平城里的十多万军民全都非常兴奋。朱元璋顺势而为，动员大军继续前进。各位将领都主张试探性进攻集庆，从而探明元军的兵力和对集庆的布防情况。与此同时，还可以在江南出兵，清除进攻集庆的障碍。就这样，朱元璋兵分两路，一路向东肃清攻打集庆的障碍，一路向西，攻打芜湖

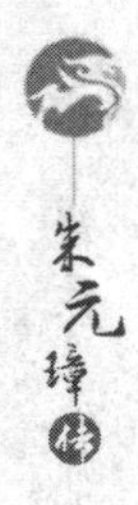

等地，筹集粮草。东西两路大军都进展顺利，攻无不克，战无不胜。这个时候，朱元璋、张天祐和郭天叙争先恐后要当东征的元帅，从而立下大功。最终。诸位将领经过商量之后，决定由张天祐挂帅出征。

七月，张天祐下令第一次攻打集庆。陈埜先主动请求率领部众和张天祐一起作战，朱元璋同意了陈埜先的请求，但是把陈埜先留在了太平，作为人质。遗憾的是，第一次攻打集庆以失败告终了。九月，郭天叙、张天祐率领大军从漂水、句容等地出发，进攻集庆。这些地方都位于集庆东南方向。他们在出发前与朱元璋一起制订了周密的作战计划，按照计划，朱元璋将会率领主力从太平出发，从西面奔向集庆，由此与张天祐、郭天叙等人形成东西夹击之势，同时进攻集庆。这一次，朱元璋把陈埜先的妻子留在太平作为人质，而陈埜先则率领队伍出征。

陈埜先出身于地主家庭，他其实很憎恶红巾军。只是因为被朱元璋的将士们抓住，无奈之下才投降了朱元璋。如今，看到朱元璋时时处处都对他心怀戒备，他更是怒火中烧。所以在率领队伍投入战斗的时候，他只是做个样子而已，并不真的与元军对抗。他率领的队伍是进攻集庆的西路先锋，他却命令队伍驻扎在板桥附近，自己则寻找机会联系就在近处的元将福寿。

李善长看到陈埜先用兵的状态后，当即表示质疑："难道陈埜先要打持久战吗？"朱元璋当然知道陈埜先是在拖延时间，想要寻找机会投奔元军，但是他早就对陈埜先做好了防范措施，因而并不担心陈埜先使出奸计。朱元璋安排李善长质问陈埜先为何不采取全胜之策与元军对抗，而偏偏要采取有可能败给元军的迂回之计。不过，朱元璋并没有把陈埜先的异常情况告诉正在前线的张天祐和郭天叙。

在后来进攻集庆的时候，张天祐与驻军福寿拼死断杀，在想撤回的时候却被陈埜先挺枪猛刺。就这样，张天祐被刺中咽喉，当场身亡。这时，郭天叙正与福寿缠斗呢，看到张天祐坠马身亡，惊慌之中转身逃跑，被福寿追赶过来砍下了脑袋。这个时候，福寿与陈埜先汇合队伍，乘胜追击红巾军。在这场战斗中，红巾军惨败，损失惨重，死伤大概两万人。

在元军的追击下，张天祐和郭天叙的残军逃往漂阳方向。陈埜先洋洋得意，率领队伍对他们穷追不舍，一路上烧杀抢掠。当他们追击红巾军到达葛仙乡附近时，村民发现了他们的踪迹，当即报告给民兵头目卢德茂。卢德茂迅速召集五十多名民兵设下埋伏，要突然袭击陈埜先。卢德茂本人则

带领村民出村迎接陈埜先。陈埜先不知有圈套，只带着十几个人跟随卢德茂进村。他刚刚进村就中了卢德茂的埋伏，被五十多名民兵突然袭击。就这样，陈埜先丢掉了性命。

朱元璋得知郭天叙和张天祐战死，心中暗喜，却表现得很悲戚，忍不住落泪。他伤心欲绝地说："天叙呀，我为了保护你，才不让你去攻打集庆。你却偏偏要去。都怪我，没有保护好你啊！"听到朱元璋的话，大家都认为朱元璋重情重义，后来，朱元璋还组织全体将士祭奠张天祐和郭天叙呢！

通过几次试探性的进攻，朱元璋收获很多。首先，他铲除了张天祐和郭天叙。虽然张天祐和郭天叙暂时还归顺于朱元璋，但是他们并不真心拥护朱元璋，所以早晚会成为朱元璋的竞争对手。其次，他铲除了叛贼陈埜先。最后，他摸清楚了元军的虚实。对于朱元璋而言，试探性的进攻一举三得，为他接下来展开大规模的进攻奠定了基础。

至正十六年（1356年）三月一日，朱元璋亲自率领大军对集庆展开攻击。他分兵两路，一路人马由常遇春率领进行水战，攻打位于采石矶的蛮子海牙。另一路人马由朱元璋亲自带领，去攻取方山。方山是由陈兆先驻守的，看到朱元璋来势汹汹，陈兆先并没有率领队伍进行激烈抵抗。三月三

日，朱元璋到达板桥，招降了陈兆先的三万六千名士卒。为了安抚降军，朱元璋从三万多降军里挑选出五百名壮士，加入他的贴身卫队，以表现对降军的信任。冯国用负责统帅朱元璋的贴身卫队。当天晚上，朱元璋在贴身卫队的护卫下，毫无戒备地睡到天亮。看到朱元璋如此信任自己，降将们当即消除了顾虑，与红巾军一起攻打集庆。从此之后，朱元璋彻底清除了集庆西南的障碍。

这个时候，张士诚也正率领队伍，从东南方向对集庆展开猛烈攻击。得知张士诚要与自己争夺集庆，朱元璋当然不甘示弱。

大概十天过去，朱元璋命令冯国用率领五百名降兵，作为先锋队策马疾驰到达蒋山，对蒋山发动了突然袭击。降兵受到朱元璋如此信任和器重，个个如同猛虎下山，以一当十，要在战斗中做出个样子给朱元璋看。他们全都奋不顾身地扑向敌营，很快就攻占了蒋山。蒋山地势很高，这使朱元璋的队伍呈居高临下之势，在蒋山上俯视集庆城。

蛮子海牙被常遇春打败，一路逃到集庆，人困马乏，战斗力尽失。在集庆城里，福寿率领守军孤军作战，顽强抵抗，誓死不降。为此，朱元璋的攻城之战打得异常惨烈。最终，在朱元璋的号令下，主力部队借助云梯火速登城。在登

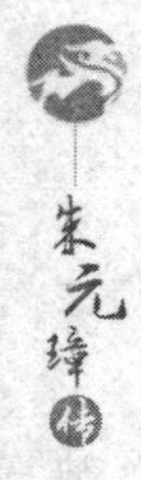

城过程中，他们损失惨重，却前赴后继，无所畏惧。为了配合攻城，朱元璋安排其他队伍在城下使用火器、箭矢等对城上的元军展开攻击。与此同时，水军也发起攻势。如此几面夹击，守城的将士们精疲力竭。这个时候，朱元璋的队伍陆续攻破了西门和南门，终于攻占了集庆。

进入集庆后，朱元璋首先安抚民心。他召见元朝官吏和当地的士绅代表，表明自己虽然进驻集庆，却不会影响百姓的生活，更不会危害百姓。得到朱元璋这样的保证，大家悬着的心都放了下来，全都各司其职，做好自己的工作。为了拉拢民心，朱元璋不但宽容大度地厚待元朝官员，还厚待元军的俘虏。对于骁勇善战、英勇牺牲的元御史大夫福寿，朱元璋厚葬之。安抚好民心和军心后，朱元璋开始治理集庆军政，他把集庆路改名为应天府，并且把元帅府设立在集庆路。

朱元璋深知自己要想扎根在集庆，就必须在进城之初就整肃军纪。为此，他和徐达商议好之后，上演了一出“假斩徐达”的好戏，的确起到了震慑的作用。

至正十六年（1356年）四月初，朱元璋的队伍里人人自危。原来，大家都在流传一个消息，说徐达将军因为纵容部下掠夺百姓被抓了，明天午时三刻就要斩首示众。大家都怀

疑这个消息是真是假，也都开始反省自己的行为是否违反了军纪。他们担心下一个要被斩首的人就是自己。

次日上午，朱元璋召集全体将士来到校场上。将士们惊讶地发现，徐达将军真的被五花大绑，被刽子手押到了校场上。午时一到，执法官当众宣布将徐达斩首示众。看到跟随朱元璋建功立业的徐达都难逃被斩首的下场，全体将士全都吓得面无血色，噤若寒蝉。这个时候，帅府都事李善长战战兢兢地跪倒在朱元璋面前，说："徐大将军骁勇善战，屡立奇功。眼下，军务紧急，正缺少可以用的将才，恳请元帅宽恕徐大将军，给徐大将军戴罪立功的机会！"看到李善长这么做，其他将士才赶紧跪在地上，一起为徐达求情。

见此情形，朱元璋假装愤怒地站起来，怒斥大军："我问你们，我们为什么要起兵？"

全体将士不约而同地齐声回答："除暴安民，替天行道！"

朱元璋点点头，以略微平缓的语气说："正如大家所言，正是因为元朝朝廷欺压百姓，我们才起兵造反。如果我们的队伍和元军一样祸害百姓，我们还能拯救百姓于水火之中吗？我们与元军又有何区别呢？"

听到朱元璋的语气有所缓和，李善长抓住时机再次苦

苦哀求：“一直以来，徐大将军都跟随在元帅身边，劳苦功高，请求元帅一定要原谅徐大将军，相信徐大将军将来一定会多杀元军，为百姓着想的！”朱元璋听后沉默了很久，才愤怒地警告徐达：“这次，我暂且饶过你。但是，你记好了，下不为例。以后，如果我再看到你欺压百姓，或者你的部下欺压百姓，我一定让你脑袋搬家！”说罢，朱元璋气鼓鼓地拂袖离去。

其他人如释重负，手忙脚乱地为徐达解绑。徐达威风凛凛地宣布道：“以后不管是行军还是打仗，一不烧房，二不强抢，三不欺压百姓，四不调戏妇女。违者，定斩不饶！”从此之后，朱元璋的威风成就了徐达，徐达成为严于治军的榜样人物。他身为示范，不仅和全体将士一起吃苦，也带头遵守军中的纪律。有的时候，军队里粮食紧张，他就也不食，也不进营帐休息，直到看到全体将士都吃饱了肚子，有地方休息之后，他才照顾自己。徐达对待全体将士不仅有威严，也有恩情。每当有将士生病的时候，他就亲自去探望，嘘寒问暖。渐渐地，全体将士都对徐达忠心耿耿，军中再也没有发生违反军纪的事情。

很快，小明王韩林儿就得知朱元璋攻占了集庆，因而当即封朱元璋为枢密院同金，很快又封朱元璋为江南等地的行

中书省平章。此外，朱元璋的得力干将李善长等人也得到了封赏。对于小明王的慷慨封赏，朱元璋并不满意。他想要得到更大的号召力，就需要更大的头衔，他必须不断地扩大根据地，巩固战果，才能打下属于自己的江山。攻占集庆后，朱元璋投入所有的心力，致力于开创霸业。

自从朱元璋攻入集庆，把集庆路改为应天府，并且在集庆路设置帅府之后，江南的整个形势都有了巨大改变。朱元璋知道，他要想真正地立足和扎根应天，就必须把应天周围的地方也收入囊中。镇江是应天的东北门户，所以朱元璋的下一个目标就是镇江。这个时候，原本驻扎在苏北的张士诚和驻扎在湖广的徐寿辉，也都南下渡过了长江，想和朱元璋一样向南发展。两年前，张士诚在高邮打败元军，攻占了扬州。在地理位置上，扬州是不可取代的，是京杭大运河的咽喉。张士诚攻占扬州，相当于阻断了大运河的漕运，也就切断了元朝朝廷运输粮食的主要通路，使元朝朝廷面临缺粮的危机。为此，元朝朝廷首先调集重兵围剿张士诚。

至正十五年（1355年）秋天，江阴起义军的首领在仇敌的逼迫下走投无路，投奔到张士诚的麾下，并且建议张士诚不要死守苏北，而是要发兵南下，攻占江苏南部地区。因为和苏北相比，江苏南部地区是更加富庶的，是真正的鱼米

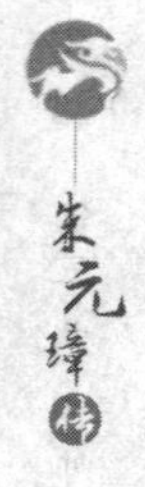

之乡。张士诚如同探囊取物一样，攻占了江苏南部的很多地区，才用了一个多月的时间，就占领了江苏东南部的富庶之区。不久之后，他就从高邮迁都到苏州，想要抢先于朱元璋占领江南的半壁江山。此后，他还攻占了浙江北部，使领地范围不断扩大。

在张士诚和徐寿辉的两面夹击之下，朱元璋处于夹缝之中，不仅要与元军以及当地的地主武装对抗，还要抽调人马防范这两支起义军。徐寿辉一直以来占据长江中游，暂时威胁不到朱元璋。和徐寿辉相比，张士诚则成为朱元璋的眼中钉和肉中刺，迟早会和朱元璋发生矛盾与冲突。朱元璋知道自己的处境，因而想要攻占镇江。他任命徐达为统帅，又让汤和、张德麟、廖永安各自率领队伍协助徐达出兵镇江。与此同时，张士诚的部将赵打虎攻占了湖州。

在徐达率领队伍去攻打镇江之后，朱元璋思来想去，决定告知盟友张士诚，以免张士诚产生误会。为此，他亲自写了一封信交给杨宪，送给平江的张士诚。不想，张士诚看到朱元璋的亲笔信之后大发雷霆，还扣押了使者杨宪，下定决心要找机会报复朱元璋。

朱元璋这次攻打镇江派出的都是精兵强将，因此他们很快就攻占了镇江。攻下镇江之后，朱元璋在江南的地盘越来

越大了，因而将领们都劝说朱元璋自立为王。朱元璋当然想自立为王，但是又觉得无法向小明王交代，因而授意部下们联名上奏小明王封他为吴国公。小明王虽然名义上还是王，其实已经被这些起义军架空了。看到朱元璋还能把自己看在眼里，他也害怕得罪朱元璋，因而当即照办。

迄今为止，朱元璋实现了自立为王的梦想，而且也拓展了根据地，终于在富庶的江南站稳了脚跟。当初，冯国用等人辅佐他成就霸业，提出了这样的战略构想，如今终于变成了现实。得知朱元璋被小明王封为吴国公，张士诚气得火冒三丈，当即决定出兵攻打镇江。

至正十六年（1356年）七月三日，张士诚率领水师开始攻打镇江。朱元璋指示徐达不要死守，而要趁着士气正旺的时候击退张士诚的水军，然后当即去攻击常州。朱元璋认为，既然他已经与张士诚反目成仇了，不如趁此机会攻下常州，也可以让张士诚见识到他的厉害。张士诚派出水军攻打镇江无异于以卵击石，徐达和汤和率领的水军很快就把张士诚的水军打败了。根据朱元璋的指示，他们当即直取常州。张士诚一心一意只想攻占镇江给朱元璋点儿颜色瞧瞧，万万没想到朱元璋居然会反戈一击。要知道，常州是他的门户，一旦朱元璋攻破了常州，那么他的都城隆平就岌岌可危了。

在攻打常州时，徐达与骄傲蛮横的张士德对战。他知道自己不能和张士德硬碰硬，因而决定采取策略，诱敌深入。他马上命令队伍撤退到三十里之外，埋伏在距离常州十八里的牛塘谷。张士德不知道是计，率领队伍穷追不舍，结果中了徐达的圈套。在他被徐达捉住之后，他的将士们马上逃之夭夭。

看到大将张士德被徐达活捉，张士诚非常沮丧。这个时候，他遵照母亲的指示，派使臣孙君寿去应天拜见朱元璋，表达求和之意。他开出的求和条件很优渥，他表示，只要朱元璋愿意鸣金收兵，他每年都会提供二十万石粮食、两百两黄金和三百斤白银给朱元璋。

朱元璋掌握着主动权，怎么会轻易接受张士诚提出的和谈条件呢！况且，他手中还有重要的人质张士德，他当然要借此机会狠狠地敲诈张士诚一笔。他并不想要真金白银，对于他而言，解决十多万将士的吃饭问题才是当务之急。所以他提出让张士诚每年给他五十万石粮食，才班师回朝。对于朱元璋提出的这个苛刻条件，盐贩出身的张士诚颇有骨气，当即拒绝。于是朱元璋下令给徐达，让徐达率领大军继续攻打常州。

张士诚很重视常州的防御工作，当即给常州的守将吕珍

增兵，还派出队伍去牛塘谷搞突然袭击。徐达侥幸脱险，被朱元璋狠狠批评了一通。后来，朱元璋两次给徐达增兵，徐达这才意识到朱元璋对常州势在必得。看到朱元璋给徐达增兵，张士诚也继续给常州增兵，在第三次增援常州时，还派来了驻守都城的大元帅李伯升，由此可见张士诚死守常州的决心。

过去了足足八个月，徐达才终于攻入常州。朱元璋攻破了张士诚的北大门，目的并不在于夺取张士诚的都城，而是想要蚕食张士诚的地盘。张士诚对朱元璋的用心一清二楚，暂且忍气吞声。从此之后，张士诚和朱元璋彻底交恶，在浙西一带频繁交战。

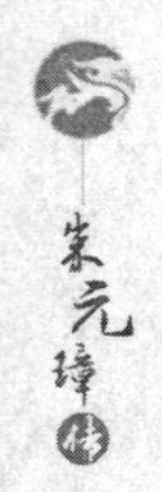

扩张领土，暂缓称王

元军的主力军正在与刘福通的三路北伐大军激战，所以对中原和江南的防御相对薄弱和空虚。朱元璋得到了风水宝地集庆之后，在江南的广阔天地中施展拳脚，斗志昂扬。至正十七年（1357年）二月，朱元璋一边督战常州，一边派出吴良和赵继祖等大将率领队伍直取江阴，还派出大将耿炳文攻打长兴。江阴是长江的交通要道，可以阻断张士诚的水师通过长江西进；长兴和江阴则是张士诚从陆路西进的咽喉之地，所以朱元璋一旦攻占了长兴和江阴，就相当于束缚了张士诚。这样一来，张士诚再也无法威胁朱元璋的地盘了。

张士诚派了大将赵打虎驻守长兴。赵打虎听说耿炳文领兵侵犯，当即竞选三千铁甲兵迎战。赵打虎和耿炳文打了十几个回合，也没有分出胜负输赢。他们实力相当，英雄相惜。赵打虎光明磊落地对耿炳文说："耿将军，你是英雄，

我也不弱。今日，我们各为其主，必须分出个胜负输赢。不如我们两人单独刀枪相对，也算死得其所。”耿炳文当即表示同意。他们纵马交战，又打了一百多回合，依然势均力敌，只好各自回营休整，约定次日再战。

次日清晨，赵打虎又来到耿炳文的阵前邀战。他们使用刀枪激战不分胜负，就改为赤手空拳。和耿炳文相比，赵打虎的拳脚功夫显然略胜一筹。但是，赵打虎有勇无谋，耿炳文使用妙招，抡飞了赵打虎。赵打虎身受重伤，被手下的人抬回营地。耿炳文没有趁人之危下令追击。当晚，赵打虎就带领队伍撤退到湖州。

第二天，耿炳文率领队伍冲入敌营，把赵打虎留下负责殿后的队伍打得七零八散，溃败而逃。这个时候，水军守将李福和安答失蛮等人，率领队伍投降了耿炳文。耿炳文这次攻占长兴收获很多，还缴获了三百多艘战船。朱元璋当即把长兴改为长安州，设立了永兴翼元帅府，封耿炳文为总兵都元帅。

进入四月，有一天，朱元璋正在思考下一步如何展开行动，冯国用建议朱元璋无须再对张士诚步步紧逼，而只要小心防范张士诚即可。否则，张士诚一旦被逼得走投无路，很有可能投奔元军，就会成为朱元璋的强敌。冯国用还建议

朱元璋去抢夺元军兵力薄弱的地盘，一则可以扩大领土，二则可以稳定张士诚，三则可以得到天下人的拥戴。朱元璋当即采纳了冯国用避强打弱的计策，把张士诚作为自己避免被元军直攻的屏障。他制定了攻打宁国、婺州等地的战略，既扩大地盘，又能顺便从战略上包围张士诚、方国珍，避免被张士诚、陈友谅等人掣肘。为此，他马上传令给徐达和常遇春，让他们火速率领大军南下，攻占宁国。

元将别不华负责守卫宁国。在他手下，守将杨仲英和张文贵都没什么能力，但是朱亮祖却是一名悍将。听说徐达和常遇春率领大军攻占宁国，朱亮祖当即做好准备，要与徐达等人决一死战。在太平战役中，朱亮祖曾经被朱元璋俘虏，后来投降元廷。这次开战没多久，他再次成为朱元璋的俘虏。朱元璋当即亲审朱亮祖，要给他机会再次选择。朱亮祖毫不迟疑地说：“你放了我，我就为你效力。你不想放我，就给我个痛快，杀了我！”朱元璋敬重朱亮祖是条汉子，亲自为朱亮祖松绑，从此之后，朱亮祖对朱元璋忠心耿耿。

次日，朱元璋的队伍就攻占了宁国城。守将张文贵杀死妻儿之后，自刎身亡。

六月，朱元璋派吴良、郭天禄和赵继祖率领队伍攻打江

阴。江阴素来被人们称为“南龙之末端”，因为它既是长江下游的入海口，也是南北交通的要道，所以自古以来，兵家都想要夺取江阴。听说朱元璋派兵攻打江阴，张士诚马上派兵抵达秦望山，加强对江阴的外围防御工事。对于张士诚而言，这个战略也许是很高明的，但是对于朱元璋而言，他恰恰可以利用张士诚的这个战略，攻占江阴。

至正十七年（1357年），朱元璋斩获最丰。他率领全体将士百战百胜，攻占了很多地盘。这不仅是因为朱元璋善于用兵，也能审时度势，还因为他手下有很多忠心耿耿的大将。例如，当朱元璋率领主力军南下时，耿炳文、吴良、汤和分别负责守卫长兴、江阴、常州，这就为朱元璋免除了后顾之忧。

正因为张士诚不属于红巾军，而是单独的一支队伍，所以朱元璋才会屡次与张士诚为敌。如果说朱元璋和张士诚的关系很简单，那么朱元璋和陈友谅的关系则略显复杂。陈友谅是正宗的天完系，他的驻地在朱元璋的西面。至正十二年（1352年），徐寿辉把陈友谅收入天完军倪文俊部，任命其为元帅，率领大军四处征战。陈友谅果然不负徐寿辉的重托，先后为徐寿辉攻下近百座城池，斩杀数十万元军。在“安庆之战”中，他更是战功赫赫，立下奇功，深得徐寿辉

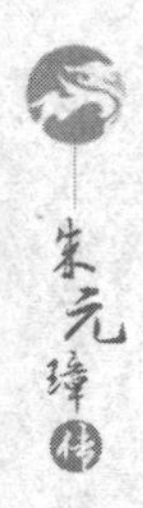

器重，是徐寿辉麾下的反元功臣。

正当朱元璋和张士诚在东南线激战之际，徐寿辉天完国的内部也动荡不安。至正十七年（1357年），天完国丞相倪文俊大权在握，想要谋弑徐寿辉，自立门户。不想，徐寿辉识破了他的诡计，他只好逃奔黄州。陈友谅是倪文俊提拔的亲信，此刻就驻守在黄州。倪文俊万万没有想到，螳螂捕蝉，黄雀在后，陈友谅趁此机会杀死了倪文俊，把倪文俊的队伍收入麾下，由此一来，他的实力大增，当即自封为平章政事。从此之后，陈友谅不再受徐寿辉的管制。

陈友谅出身渔家。祖辈上因为生活艰难，无以为继，因而插门嫁入陈家，从此之后不再姓谢，而是改为陈姓了。陈友谅的父亲深知读书才能改变命运，因而节衣缩食供陈友谅刻苦攻读，使他略通文义。后来，江湖术士说陈友谅家的祖坟冒青烟了，能出贵人，陈友谅更加发奋苦读。陈友谅胸怀大志，不满足于当一个默默无闻的读书人，因而借助于徐寿辉起兵的好时机弃笔从戎，加入了徐寿辉的队伍。他先是在倪文俊手下当文书，很快就表现出领兵的才能，因而成为天完政权的领兵大帅。陈友谅借机杀害倪文俊后，于至正十八年（1358年）年初，率领大军进攻上扼武汉、下锁应天且作为长江要塞的安徽安庆。

在此之前，陈友谅与朱元璋并无瓜葛，既没有交情，也没有恩怨。朱元璋在想要攻占池州时，第一次接触到了陈友谅。原来，陈友谅攻占安庆后，也把池州定为了自己的下一个目标。陈友谅的作战意图很明显，他想要攻取水上交通的城镇，因为他拥有实力强大的水师。他要想挥师南进，就必须经过池州。出于这样的战略考虑，他派出大将赵普胜率领队伍，对池州展开猛烈攻击。赵普胜几次易主，先是跟随朱元璋，后又跟随徐寿辉，最后跟了陈友谅。

至正十八年（1358年）四月初，陈友谅带着几万精兵分两路，大举南下。赵普胜带着一路兵马攻克池州后，又进攻太平。朱元璋得知消息非常震惊，当即命令徐达率领队伍进行反击。从此之后，在长达一年的时间里，他们针对池州展开了拉锯战，轮番攻占池州。

至正十九年（1359年）四月，朱元璋派遣大将俞海通率领水师，对赵普胜的栅江大营展开突然袭击，再次攻占池州。然而，赵普胜又夺回了池州。这个时候，朱元璋的主力队伍正在东南线作战，所以他只能暂时忍受这份屈辱，等待时机再夺回池州。攻占池州之后，陈友谅盘踞在长江中游，朱元璋位于下游应天府的根据地受到极大威胁。从此之后，朱元璋和陈友谅结下了深深的梁子。

冯国用建议朱元璋先不要因为一时之气就盲目树敌，而是要集中兵力攻占必争之地和急需之地，这样才能经营要地。冯国用所提出的建议与朱元璋的想法不谋而合，朱元璋当即侃侃而谈，对当前的形势分析得头头是道，鞭辟入里。最终，朱元璋从陈友谅手中夺回池州，再突破张士诚东南方向的封锁，这个计划被称为“取刀解绳”。

制定了未来发展的大政和方针之后，朱元璋心情愉悦，带领诸位将领去山中道观观赏菊花。等到过了重阳节，朱元璋派出亲信，携带重金，劝说陈友谅不要再与他争夺池州。与此同时，朱元璋决定使用离间计，游说负责镇守池州的大将赵普胜自立门户。赵普胜当然不知道这是朱元璋的计谋，因而产生了自立门户的心思。当陈友谅前来视察情况时，他骄傲自满，洋洋自夸，根本不把陈友谅放在眼里。这使陈友谅对他产生了怀疑之心。恰巧此时，赵普胜还与徐寿辉走得很近，因而对陈友谅形成威胁，这使陈友谅对他的猜忌越来越重。朱元璋的使臣又在陈友谅面前诋毁赵普胜，陈友谅终于决定铲除赵普胜。

至正十九年（1359年）九月下旬，陈友谅组织会师，从江州出发，率领大军突然赶到安庆。赵普胜丝毫没有意识到陈友谅想杀他，因而带着烧羊美酒迎接陈友谅的到来。陈友

谅坐在船头笑意盈盈，在两船交会时，赵普胜趁机跨到陈友谅的战船上，准备拜见陈友谅。恰在此时，陈友谅的亲信手起刀落，赵普胜当即人头落地。

陈友谅杀了赵普胜，中了徐达、俞通海在贵池、青阳等地设下的埋伏，损兵折将，元气大伤。朱元璋趁此机会夺取了池州。这时，常遇春也率领大军攻克了衢州，还活捉了元将宋伯颜不花。朱元璋进驻衢州之后，把衢州路改名为龙游府。同年十一月，胡大海率领大军攻占了处州，元将石抹宜孙溃败而逃。至此，朱元璋的地盘越来越大。

从至正十七年（1357年）到至正十九年（1359年），朱元璋一直在和张士诚斗争，最终，江南形成了朱元璋、张士诚和方国珍互相制约的三足鼎立之势。朱元璋的根据地是浙西的四个府，都比较贫穷；张士诚的根据地是浙北的四个府，比较富庶；方国珍的根据地是浙东沿海地区，和张士诚与朱元璋相比，方国珍偏安一隅，没有四处征战。

朱元璋并不鼠目寸光，贪图一时之财，而是精心治理自己占据的各个城池。他还提拔吴良为常州枢密分院院判，镇守江阴，这样既使张士诚有了眼中钉，又固守了江阴，可谓一举两得。吴良谨守朱元璋的训诫，每天晚上都守在城楼上，从不贪财好色。他严格地训练队伍，从来不敢有丝毫懈

怠，处理每件事情都亲力亲为。每当有了空闲时间，他就请儒士讲授经史。除此之外，他还兴办学校。在他的精心治理下，江阴城固若金汤，扼住了张士诚的咽喉。为此，朱元璋大感欣慰。

邓愈负责镇守徽州。他遵照朱元璋的命令，遍访各地的名儒贤良。得知徽州儒士朱升学富五车，当即把这件事情汇报给朱元璋，并且请示朱元璋是否要把朱升护送到应天府。朱元璋决定学习刘备三顾茅庐请诸葛亮出山，亲自登门拜访朱升。当时，朱元璋正要攻打婺州，朱元璋就亲自率领队伍前去征讨婺州，并且顺道走访名士。

朱元璋率领十万大军，并不急于攻占婺州，而是绕道先去了徽州拜访朱升。当时，朱升正在写对联，他的夫人正在厨房里做饭，手中还拿着菜刀呢！听到朱元璋敲门，朱升夫人赶紧开门还礼。朱升则藏入石门洞，避开了朱元璋。朱元璋得到消息，也来到了石门洞。这个时候，朱升只穿了一只鞋子就急忙迎出门来，向朱元璋请罪。朱元璋谦虚地说自己还没有三顾茅庐，只是来到不远的石门洞。朱升看到朱元璋礼贤下士，非常感动，赶紧跪拜在地，对朱元璋说："明公率领仁义之师所向无敌，而今日远道来访，朱升真是三生有幸！"

朱元璋与朱升说起了天下大势。朱升侃侃而谈，朱元璋侧耳倾听。朱元璋询问朱升未来应该怎么做才能得天下时，朱升给了朱元璋九字箴言——“高筑墙，广积粮，缓称王”。朱元璋心中狂喜，把自己对于这九个字的理解讲述给朱升听，朱升听到朱元璋说得头头是道，不由得跪倒在地叩拜朱元璋。朱元璋当即邀请朱升给他当参谋，朱升欣然应允。

朱元璋带着朱升回到应天，向文武百官表明了他统一天下的志向，并且和文武百官一起商议怎样才能巩固地盘，稳定大局，同时责令将领们一定要管理好队伍，严肃军纪。

有一天夜里，朱元璋带着两个亲信四处巡查。巡军看到他们当即拦住，说：“奉大元帅的命令，城中宵禁，必须手持军令箭才能通行。如有违反军令者，拘禁候审。”这时，亲兵头领张焕上前质问巡军：“你知道你眼前的人是谁吗？胆敢阻拦元帅，你是不要命了吧！”巡军对张焕的话不以为然，铁面无私地说：“我不认识元帅。不管是谁，都要凭着军令箭才能夜行，否则就要被拘禁。”看到巡军这么负责尽职，朱元璋高兴地哈哈大笑起来，当即带着张焕回到营地。

次日，朱元璋让张焕把昨夜的巡军叫来，赏给巡军二石米，并在全军通报表扬。从此之后的很长时间里，负责巡查

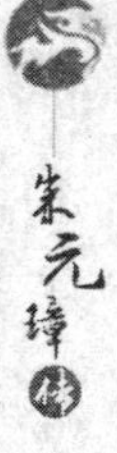

的巡军再也不敢疏忽懈怠，全都尽职尽责。城里生活安宁，百姓也很安定。

当时正值乱世，将士人数众多，解决全体将士的吃穿问题是朱元璋的头等大事。又因为时常发生战争，耽误农时，所以老百姓地里的收成并不好。虽然江浙向来富庶，但是很多东西都并非取用不完的，所以朱元璋的队伍里时常会出现粮食短缺的情况。无奈之下，他只好在应天、镇江和太平借粮。靠着借粮，只能缓解一时的燃眉之急，而无法从根本上解决粮荒的问题。这时，王宗显建议朱元璋“屯田”。朱元璋认为这是解决粮荒的根本之道，当即采纳了王宗显的建议。事实证明，屯田的方法很有效地缓解了队伍里的粮荒。

朱元璋以金华府为驻兵和指挥中心，在他的治理下，军政机构越来越完备。这时，朱元璋询问朱升是否可以征讨处州，朱升表示赞同。为此，朱元璋调兵遣将，接连攻克了处州、衢州。随后，胡大海又攻克了诸暨县城。

朱元璋举全军之力攻打张士诚，而想方设法地安抚和拉拢和他相距遥远的方国珍。在驻守金华时，他派蔡元刚和陈显道前往庆元，想要招降方国珍。从某种意义上来说，朱元璋并不是因为信任方国珍才这么做，也从未想要与方国珍合作，而是想让方国珍在横扫浙东的时候保持中立，不要与他

为敌。很快，朱元璋就稳住了方国珍，可以没有后顾之忧地横扫浙东了。他派胡大海从诸暨出发，攻打杭州，又命令邵荣从余杭出发，支援胡大海，攻下杭州。

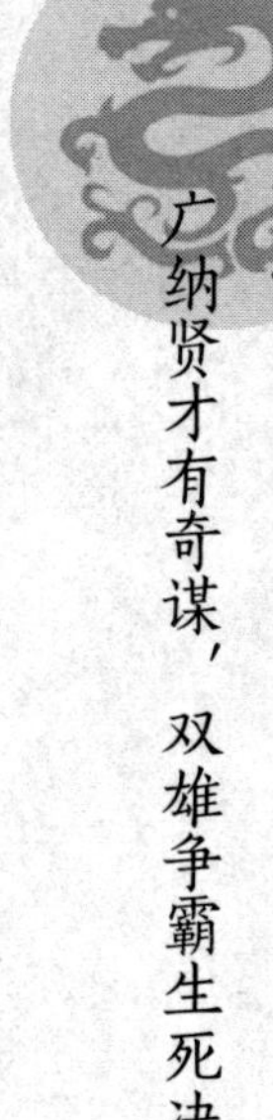

第四章 广纳贤才有奇谋，双雄争霸生死决

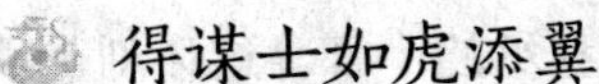

得谋士如虎添翼

朱元璋攻取处州后，得到了谋士刘基，这是他此行最大的收获。从此之后，有了刘基辅佐，他如虎添翼，发展更加迅猛起来。早在此前，朱元璋就听说处州的刘基和神仙一样胸怀大略，深谙天文地理，还能预知未来。以现代人的眼光去评判，刘基是一位精通各门学科的大家，他既是哲学家，也是谋略家，既是文学家，也是天文学家，既是军事理论家，也是政治家。总而言之，刘基学识渊博，拥有超出常人的智谋。那么，刘基拥有怎样的成长背景，才能成为这样的奇才呢?

刘基，字伯温，生于元至大四年（1311年），出生地是南田武阳村。刘基出生在书香门第，自幼博学强记，拥有惊人的理解能力和记忆能力。早在年少时期，刘基就表现出不同寻常的才气。他能过目不忘，所以学习很多知识都记忆深刻。元至顺四年（1333年），刘基去大都参加会试，中了三

甲第二名进士，从此之后声名大噪。

然而，刘基怀才不遇，在中了进士三年后，才获得高安县丞的小官。这让刘基愤愤不平，再加上他锋芒毕露，不愿意与官场上的人同流合污，所以最终采取了隐居的方式，避开俗世。

至正十六年（1356年）春季，江浙行省给刘基下发了一纸调令，刘基又燃起了治国平天下的理想。此时，刘基已到了不惑之年，对于很多事情都看得更加透彻。他对朝廷彻底失望了，回到自己的出生地——南田武阳村著书立说，也帮助乡亲们自保，免受方国珍的骚扰。在此期间，他创作了《郁离子》一书，表达了自己怀才不遇的愤愤不平之情。西蜀名士赵天泽在对江左人物进行点评时，认为刘伯温当之无愧居于首位。

刘基刚刚辞官，朱元璋就率领队伍攻打处州。他赶跑了负责镇守处州的石抹宜孙，进驻处州。紧接着，朱元璋四处寻找刘基，并且让大将缪美一定要把刘基请到应天。刘基不愿意跟随缪美回应天，缪美为了完成朱元璋交代的任务，只能强行带走刘基。缪美带着刘基到达应天时，朱元璋正在前线督战，所以没有面见刘基。当时，朱元璋并不知道刘基有怎样的奇才，认为刘基只是擅长占卜和看风水而已。没有

见到朱元璋，刘基坚持要离开应天，朱元璋只好命令缪美放行。

很快，朱元璋回到了应天，任命孙炎为处州总制官。说起处州，朱元璋再次想起了刘基，因而再三叮嘱孙炎一定要请刘基出山，到应天一聚。孙炎对朱元璋交代的任务怎敢不放在心上呢！至正二十年（1360年）春季，有一天，孙炎来到浙江青田县武阳村拜访刘基，想要劝说刘基出山为朱元璋效力。刘基尽管隐居在乡野，但是对天下大事时时关注，无所不知。此外，刘基十几年前云游淮北时，曾经见到过还是放牛娃的朱元璋，且感受到了朱元璋身上的天子之气。最终，刘基推断陈友谅、朱元璋、方国珍之中，必有一人会成为新帝。

他又分析了这几个人的命运和前途，认为朱元璋必成气候，也认为自己只有辅佐朱元璋才会有出头之日。不过，刘基从小接受正统教育，又是朝廷命官，因此第一次孙炎到访，他闭门不见。孙炎没有放弃，很快就再次带着刘基的好友叶琛和章溢同行，一起去拜访刘基。这次去拜访刘基，孙炎做好了充分的准备，还计划带五百两黄金赠送给刘基呢。宋濂作为刘基的好朋友，非常了解刘基的脾气秉性，当即告诉孙炎："如果你不带黄金去，刘基就有可能跟着你投到朱

元璋麾下。”在宋濂的一番介绍下，孙炎才得知刘伯温从小家境殷实，不会为了金钱而归附朱元璋，而只会为了功名事业归附朱元璋。

孙炎终于意识到问题出在哪里了，因而第二次只带着胡深的信去拜访刘基。胡深也是刘基的好朋友，虽然是一员武将，却通晓历史，对于很多事情都颇有见地。然而，刘基依然对孙炎避而不见。无奈之下，孙炎只好把信交给他人，送给刘基。刘基看了胡深的信件之后，这才知道他身边的很多人都已经归附了朱元璋。然而，他还没有下定决心为朱元璋效力。他赠送给孙炎一把宝剑，才过去几天，孙炎就还给他一把宝剑，并且附诗一首。刘基最终答应与孙炎见面，看到孙炎谈吐不俗，刘基佩服不已。

和孙炎见面后，刘基回到家里，告诉母亲富氏他准备出山。母亲劝说刘基，生逢乱世，只有辅佐真主，才能终获万全。得到母亲的支持，刘基决定出发去应天，拜见朱元璋。

至正二十年（1360年）二月，一天傍晚，朱元璋在应天府面见刘基。这是他与刘基的第一次会面。之前，朱元璋对于刘基的了解只限于“象纬之学”，所以他是想借助刘基的术数之学，才征用刘基的。然而，在面见刘基之后，朱元璋被刘基的博学多才和文韬武略折服了，他当即改变了对刘基

的印象，不再认为刘基只是术士，而是坚信刘基是可以仰仗和重用的难得人才。

在当时，朱元璋的心腹大患就是张士诚。他询问刘基对于张士诚的看法，刘基认为张士诚占据天时地利人和，朱元璋要想战胜张士诚，需要大费周折。说着，刘基为朱元璋分析了形势，朱元璋心服口服。朱元璋虽然多次与张士诚交战，却从未像刘基这样从全局上分析张士诚的处境。朱元璋进一步认识到刘基虽然是儒生，却有远大的抱负，而且对天下的形势看得入木三分。朱元璋内心狂喜，赶紧邀请刘基坐到上座，自己则与刘基谈古论今。朱元璋谦虚地邀请刘基为他效力，刘基深受感动，把自己的著作《时务十八策》呈给朱元璋。

朱元璋迫不及待地阅读了《时务十八策》，对于刘基的才华更加仰慕。他把刘基视为知己，邀请刘基留在军中，担任军师。刘基毫不迟疑地接受了朱元璋的邀请，从此之后，他成为朱元璋的幕僚，为朱元璋出谋划策，辅助朱元璋打下天下，为朱元璋开创大明立功。为此，刘基被称为大明开国第一军师。

正至二十年（1360年）三月，常遇春和胡大海率领大军攻打杭州和绍兴，但失败了。这与刘基的预测是完全符合

的。朱元璋征询刘基对于这一战有何见解，刘基沉思片刻，认为朱元璋陷入了“螳螂捕蝉，黄雀在后”的困局中。朱元璋当然知道张士诚是蝉，自己是螳螂，却不确定方国珍和陈友谅之中谁是黄雀。经过一番分析，他认为陈友谅是别有用心的黄雀。

陈友谅的实力比张士诚更为强大，所以一直以来朱元璋很关注张士诚，而忽略了陈友谅。刘基认为，不管是谁，抢先攻打杭州城，就会成为螳螂。当然，刘基也知道朱元璋舍不得放弃杭州这块肥肉，因而建议朱元璋先消灭黄雀，再去抢夺肥肉。

实际上，早在得到刘基的指点之前，朱元璋就已经想过要对陈友谅出兵。此前，他的战略是打弱防强，占领更多的富庶之地，从而让自己的根据地变得越来越稳固。正是基于这样的想法，他才把占据富庶之地的张士诚作为自己的首要目标，而把偏居贫穷之地的陈友谅作为自己的次要目标。此外，近两年来，朱元璋攻打张士诚总能得胜，这验证了他采取的策略是正确的。此时，听到刘基建议他改变策略，先把目标瞄准兵强马壮的陈友谅，朱元璋认为刘基一直隐居乡野，还不清楚东线作战的情况，所以才会建议他先啃难啃的硬骨头。

趁着朱元璋与张士诚纠缠之际，陈友谅率领大军进攻江南，在不到半年的时间里，就占领了江西全境。朱元璋原本正准备再次举兵攻打张士诚，突然得知徐寿辉被长江上游的陈友谅挟持了，而且陈友谅率领数万水军东下，准备攻取太平。最让朱元璋感到紧张的是，陈友谅居然要联合张士诚，对朱元璋形成夹击之势。得到这个消息，朱元璋寝食难安，火速召集将领们商量对策。对此，大家同仇敌忾，都赞同发兵增援太平。然而，朱元璋还没有派出援军呢，太平就已经失守了。随后，陈友谅杀了天完国主徐寿辉，自立为帝。紧接着，他一鼓作气，亲自率领汉军水陆主力，想要一举攻下应天。看到陈友谅来势汹汹，朱元璋不敢轻敌。他当即召开会议。在这次会议上，将领们军心动乱，产生了很大的分歧。有人主张死守，有人主张撤退，有人主张逃跑，有人主张迎战。总而言之，大家为此争论不休，朱元璋更是没了主意。这个时候，刘基却一言不发。朱元璋不解地询问刘基对此到底有何见解，刘基建议朱元璋斩首那些主张投降和逃跑的将士，否则就会军心大乱，必败无疑。随后，刘基还请求朱元璋赐予他宝剑，让他有权力斩杀那些想要逃跑的将领。得知刘基主张应战，朱元璋感到正合心意。但是对于应战的结局，朱元璋则没有把握。看到朱元璋犹豫的样子，刘基给

朱元璋鼓劲："在下曾经望气，发现我旺敌衰，所以主公此战必然能胜陈友谅。"随后，刘基还给朱元璋分析了战争的局势，朱元璋渐渐坚定了信心。

朱元璋在刘基的建议下，派出陈友谅的旧日相识康茂才引诱陈友谅中计。康茂才在被朱元璋俘虏后，感谢朱元璋对他的不杀之恩，且感谢朱元璋信任他、重用他，因而对朱元璋忠心耿耿。得知朱元璋派他去引诱陈友谅，他当即同意。借此机会，他不但可以报答朱元璋的知遇之恩，还可以为同乡徐寿辉报夺命之仇。

制订了铲除陈友谅的周密计划之后，朱元璋恍然大悟，这才意识到避强打弱的弊端是在攻打张士诚时，陈友谅趁机攻打他。正是因为如此，他以前攻打张士诚时才会陷入腹部受敌的困境，常常不得不分心应对西部的战事。至此，他也理解了刘基为何让他先打强再打弱。这是因为如果先攻打陈友谅，那么张士诚作为守财奴，根本不愿意支援陈友谅，由此他也就避免了腹背受敌。最终，朱元璋完全采纳了刘基的建议，从此之后不再"避强打弱"，而是改为"打强防弱"。

正如刘基所分析的那样，张士诚只想偏安一隅，无意争锋天下。所以他拒绝了陈友谅的邀请，不想与陈友谅一起夹

击朱元璋。又因为最近这段时间朱元璋频繁地攻打张士诚，所以张士诚感到胆怯，不愿意随意地挑起战争。对此，陈友谅丝毫也不放在心上，因为他压根没有把张士诚放在眼里。如今，陈友谅自身的力量已经很强大了，他攻占了江西、湖广之地，在江南地区，他的武装力量是最强大的。他之所以想要与张士诚联手攻打朱元璋，是担心张士诚对他发起进攻。只要得知张士诚不想挑起战争，不会趁着他攻打朱元璋的时候对他展开攻击，他认为凭着一己之力就能轻松打败朱元璋，无须与张士诚联手。

这一天，在太平府的大堂上，陈友谅头上戴着冲天冠，身上穿着金光闪闪的龙袍，满面喜色，正在与文武大臣商量如何对应天展开进攻。突然，亲兵进来汇报陈友谅："启禀皇上，有个老头自称是你的旧友，叫康茂才，前来送信给你。"

听说是故交康茂才，陈友谅暗自窃喜。自从当了皇帝之后，他还没有机会在故交面前表现出自己威风的模样呢，所以他当即告诉亲兵带着康茂才拜见他。不久之后，亲兵领着一个衣衫褴褛的老头走进大堂。老头看起来很落魄。他战战兢兢地用双手捧着书信，想要呈现给陈友谅。陈友谅仔细辨认，才认出这个人是康茂才的仆人。他得意洋洋地笑起来，

说："康福啊，无须多礼。茂才现在在哪里高就呢？"老仆人不敢抬眼看着陈友谅，低头恭顺地回答："康相公正在守卫江东桥。"说着，老仆人还讲述了康茂才现在郁郁不得志，想要改投到陈友谅麾下的想法。陈友谅当即和老仆人约定，要在三天之后的三更时分去江东桥，与康茂才见面。到时候，他只要呼唤"老康"，康茂才知道他来了，就会现身。

看到陈友谅如此轻信这个来路不明的老仆人，等到老仆人告辞之后，太师邹普胜亲自看了康茂才的信，得知康茂才主动要求做内应，与陈友谅里应外合攻打应天。在信中，康茂才还详细介绍了应天城里的兵力部署，建议陈友谅最好兵分三路。他让陈友谅率领一路大军直接去城外的江东桥相候，因为他负责镇守江东桥，到时候能打开城门迎接陈友谅，带领陈友谅直捣朱元璋的帅府，生擒朱元璋。读完这封信，邹普胜深感疑惑，因而让太尉张定边也看了这封信。最终，他们一致认为这封信有诈。此时，陈友谅春风得意，怎么愿意相信自己是被欺骗了呢。他笑着说："我与老康是旧相识了，他很老实本分。如今，我是一国之君，他前来投奔我完全合情合理。如果这件事情放在两年前，我还是默默无闻，的确是要引起怀疑的。"

虽然太尉张定边一再提醒陈友谅要小心防范，陈友谅还是不愿意采纳张定边的建议。最终，他决定率领三十万大军，水路和陆路齐头并进，哪怕情况有变，也足以应对。原来，陈友谅的信心来自他拥兵众多，而朱元璋只有区区十万兵马。随后，陈友谅亲率二十万大军和上百艘战船，直奔应天而去。他的队伍浩浩荡荡，蔚为壮观。然而，进入内江后，陈友谅发现航道变窄，只能容得下三只船齐头并进。邹普胜意识到危险，当即劝说陈友谅一定要小心提防。陈友谅却自恃早就认识康茂才，因而一意孤行。当然，他没有完全忽略邹普胜的建议，因而当即命令弟弟“五王”率领数十只轻舟，掉头驶向龙湾。龙湾就在长江边，地势开阔，所以“五王”可以在龙湾登岸，安营扎寨，以掩护中路主力登岸。陈友谅并没有跟随弟弟“五王”一起去龙湾，自负的他跟随舰船，继续朝着江东桥驶去。

得知康茂才顺利骗过陈友谅，朱元璋当即派李善长率领一千多名士卒，用了两个昼夜，火速拆除了江东桥。江东桥原本位于秦淮三汊河段，是不那么结实的木质桥。现在，新的江东桥矗立在河道更窄的地方，是坚固结实的铁石桥。千余人忙活了两个昼夜，桥总算是修成了。与此同时，他还派了其他将领在进入内河，也就是长江入秦淮河之处的新河

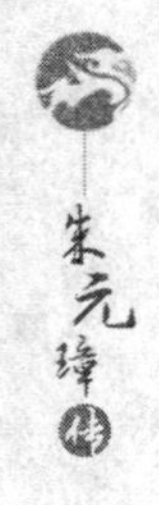

口，即龙湾一带，修筑了坚固的防御工事。

在约定的三更时分，陈友谅带领三万多人来到了铁石桥——江东桥。他让人去桥上连呼三声“老康”，然而周围异常安静，根本没有人回应他，更没有人出现。陈友谅有些惊慌，当即派人检查这是否是之前的江东桥——木质桥。前去查看的人很快就回来汇报陈友谅：“陛下，这是一座新建的铁石桥，不是之前的木质桥。”陈友谅恍然大悟，知道自己中了圈套，对康茂才咒骂不已。要知道，木质桥根本困不住他的战舰，他只要号令战舰冲过去，就可以撞断木桥，冲到城墙下展开进攻。然而，铁石桥坚固异常，他的战舰是无论如何也不可能冲破铁石桥的，所以他根本无法靠近城墙。

事已至此，他除了当即下令登岸强攻之外，无路可退。虽然陈友谅当即采取了应对措施，但是他还是无法冲出埋伏。在朱元璋队伍的猛烈攻击下，陈友谅带来的三万多将士转眼之间就死伤大半。陈友谅杀急了眼，手中不停地挥舞着大刀，带领亲信突出重围，杀出一条血路来，终于逃到新河口登船。此时，天色大亮，陈友谅带领剩下的将士们火速赶往龙湾，去与“五王”汇合起来杀敌。

他们好不容易才逃到龙湾，得以喘息。全体将士都饿得头昏眼花，因而陈友谅下令就地煮饭，稍事休息。等到将士

们吃饱喝足之后，他再下令攻城。在他心里，怎么也不甘心率领这二十万大军白白折腾一次，损失惨重，却毫无收获。此外，他们的一些战舰还被困在内河没有撤离呢！然而，陈友谅的队伍刚刚生起火来，准备煮饭时，天上突然下起大雨，全体将士非但没有吃到饭，还被淋得如同落汤鸡一般。此时此刻，朱元璋的队伍正在安心地吃饭呢！

大雨刚刚停歇，朱元璋就举起红旗，指挥队伍开始攻打龙湾营栅。将士们吃饱喝足，个个如同猛虎下山，直扑营栅。陈友谅误以为朱元璋的主力大军来了，赶紧披挂上阵，领军杀敌。看到陈友谅亲自上阵，陈友谅的将士们也以一当十，奋不顾身。结果，这次进攻只是朱元璋小试牛刀而已，却把陈友谅一方搅得人仰马翻。

这个时候，陈友谅的大船搁浅了，几万水师无法撤退，前来增援的水师无法靠岸。在这种情况下，陈友谅只能率领已经登岸的队伍拼死搏杀。这个时候，新河口的汉军们，都成了活靶子，被朱元璋的将士们射杀了。很快，汉军人员损失惨重，大概有五万多人都被朱元璋的队伍杀死了，或者掉入水中淹死了，还有两万多人被活捉了。陈友谅一直为自己拥有精良的水师而感到骄傲，却没想到在水边展开的这一战中，水师毫无优势可言，反而被杀得丢盔弃甲，只有被动挨

打的份儿。眼见着自己的队伍已经处于绝对的劣势，陈友谅只好挥刀奋力砍杀，逃向江州。

龙湾之战大获全胜后，朱元璋乘胜追击，一路西进。看到朱元璋过于急迫，刘基劝说朱元璋要从江西开始，步步为营，避开陈友谅的水师，也不要急于与陈友谅决一死战。刘基建议朱元璋蚕食陈友谅的地盘，等到时机成熟，再彻底剿灭陈友谅。看到刘基考虑周全，面面俱到，朱元璋更加佩服和尊重刘基。

至正二十年（1360年）夏末，陈友谅派出大将李明道，想要从胡大海手中夺取信州。结果，李明道根本不是胡大海的对手，被胡大海略施小计就活捉了。无奈之下，陈友谅只好转而攻打安庆，在采石矶一带，与张德胜、徐达打了一场激烈的遭遇战，激战约一个时辰后双方撤兵而还。在激战中，张德胜牺牲了，陈友谅夺回了安庆。他派张定边负责驻守安庆。得知安庆失陷，朱元璋原本正沉浸在胜利的喜悦中，当即清醒过来，意识到自己不能把手伸得太长。他决定采纳刘基的建议，稳扎稳打，步步为营。

除了面对朱元璋这样的强劲敌手，陈友谅还有其他的烦恼。原来，他杀死了徐寿辉自立为王，并没有得到徐寿辉旧部的拥护。谋士们建议朱元璋要得民心，因而朱元璋趁此机

会纳顺招降，树立了自己的良好形象。最重要的是，他还对陈友谅发起声讨，指责陈友谅不仁不义。最终，朱元璋以为徐寿辉报仇为由，决定讨伐江西。

至正二十一年（1361年）六月，朱元璋督战江西，于四天之后到达池州。将士们都劝说朱元璋原地驻扎，因为一旦过了池州，就进入了陈友谅的领地，这是为了保证朱元璋的安全。朱元璋拒绝了将士们的建议，在随军到达安庆时，遭到了汉军张定边的阻击。张定边智勇双全，骁勇善战，所以朱元璋的队伍从下午对安庆展开进攻，一直到日落西山，都没能靠近安庆城。

看到队伍首战受挫，朱元璋焦虑不安，下令连夜攻城，不惜一切代价也要攻下安庆。刘基劝说朱元璋不要过于着急，而是要趁着陈友谅把队伍都调集来驻守安庆之际，转而攻打陈友谅的老巢。朱元璋认为刘基高明，当即命令队伍火速西进，直取江州。为了迷惑张定边，他在离开之前特意安排队伍把灯盏悬挂在长江南岸的树上。就这样，朱元璋率领队伍直取江州，张定边却毫无觉察。

次日早晨，陈友谅刚刚起床就接到了朱元璋攻打江州的战报。陈友谅不敢相信想要攻打安庆的朱元璋居然一夜之间来到了安庆，直到登高看见朱元璋的战船遍布江面，才感到

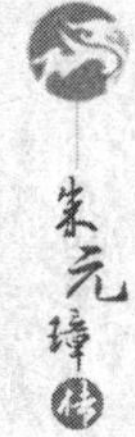

心惊胆战。此时，朱元璋已经发起了进攻，陈友谅吓得两腿发软。要知道，江州是江西的咽喉要道，朱元璋一旦攻占了江西，不日就会全面占领他的地盘。

连续两天，朱元璋每天都下令大军攻城四次，但是江州城固若金汤，岿然不动。第三天，朱元璋询问刘基为何总也攻不下江州，刘基建议朱元璋赶制天梯，让将士们从水比较浅的城东南处，强行攻城。

次日清晨，天才刚刚亮，十几艘大船搭着天梯，悄然驶向城的东南方向。这个时候，陈友谅的队伍还沉浸在睡梦中呢，谁也没有觉察到朱元璋的将士们就这样轻而易举地打开了他们的城墙缺口。就在陈友谅洋洋得意时，朱元璋的将士们已经杀到了他的寝宫。贴身侍卫拿了衣服披在陈友谅的身上，赶紧带着陈友谅及其妻女、几个亲信一起登上快船，试图突围。就这样，陈友谅猝不及防地失去了自己的国都。得到这个消息，江西被震动了，尤其是得知陈友谅逃离了国都，陈友谅的将领们都军心涣散，不战而逃。

后来，朱元璋率领队伍又去攻打安庆，安庆守将张定边采取死守的策略，紧闭城门，拒不出战。朱元璋在陆路上佯装要展开进攻，却暗度陈仓，以水军直取水寨，最终一举攻克安庆。陈友谅逃到武昌后，赶紧部署防御。朱元璋让徐达

和常遇春追击陈友谅，自己则率领大军进攻江西和湖州。很快，江西行省丞相胡廷瑞就向朱元璋投降了，朱元璋还带着礼物去拜见了胡廷瑞的母亲。后来，陈友谅的其他守将也相继投了朱元璋，陈友谅众叛亲离。

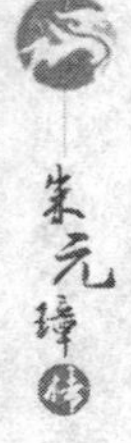

平叛乱争锋鄱阳

至正二十二年（1362年）春季，朱元璋第一次西征大获成功，胡大海和耿再成分别留守金华和处州，分别招降了很多苗将，并且优待他们。这是符合朱元璋“纳顺招降，吊民伐罪”政策的。但他们万万没想到，这些苗将全都有着狼子野心，非但不是真心归降，还密谋暴动！他们设计杀死了胡大海，还杀死了胡大海的儿子和下级军官。这就是历史上赫赫有名的金华之乱。就在金华之乱还没有平定之际，又爆发处州之乱，耿再成也因此丢了性命。得知这个消息，朱元璋深感震惊，又担心衢州的安全。刘基主动提出要带兵去稳固衢州，还可以顺路回家吊唁母亲，朱元璋欣然应允。很快，金华之乱和处州之乱都相继平息了，朱元璋又开始考虑下一步的军事计划。将士们都建议先攻打张士诚的富饶之地，以弥补军粮的空虚。

朱元璋知道，有些将士害怕与实力更强的陈友谅对抗，

所以才会主张攻打张士诚。他当即严肃地宣布要坚持刘基提出的“打强防弱”政策。

后来，朱元璋继续坚持“打强防弱”的作战方针，制订作战计划，果然战事推进顺利，很快就取得了良好的效果。然而，就在朱元璋对外杀敌一帆风顺，且已初步形成格局的时候，朱元璋的集团内部却产生了一些不和谐的声音。此时，陈友谅也趁机占领了朱元璋的很多重镇，这使朱元璋不堪其扰。恰恰就在这个时候，方国珍却向朱元璋示好，想要投靠朱元璋。方国珍的主动投靠使朱元璋有了新的思路。他想：与其四处征战，奋勇杀敌，侵占地盘，还要防备叛乱，不如把敌人变成朋友，这远比消灭敌人来得更有价值。为此，他当即决定要以方国珍的势力牵制张士诚，这样他还可以师出有名，打着小明王的旗号围剿陈友谅。不得不说，这个战略是极其高明的。

朱元璋的运气很好，就在他与张士诚、左君弼厮杀纠缠的时候，山东的田丰、王士诚合谋刺杀了元军的主帅察罕帖本儿。得知察罕帖本儿被杀死的噩耗，作为部下的张士诚和左君弼心神混乱，朱元璋借此机会派徐达等将领率军攻打庐州，他则亲自率领大军救出了韩林儿（小明王），并将其送回滁州老营保护起来。这个时候，朱元璋得知张士诚的另一

支队伍正在围攻只有几千守军的应天，当即率领队伍火速赶回应天。这个时候，刘基已经先于朱元璋到达应天了，所以应天有惊无险，平安无事。对于朱元璋而言更加幸运的是，此时陈友谅正在攻打近处的龙兴，没有兵力与张士诚联手攻打应天，否则应天就岌岌可危了。

从此之后，朱元璋更加信任刘基，凡事都对刘基言听计从。刘基对朱元璋也忠心耿耿，不但给朱元璋出谋划策，还帮助朱元璋整顿军队，严肃军纪，扩充军备。有了刘基的辅佐，朱元璋如虎添翼。

直到此时，朱元璋依然打着大宋的旗帜，官职始终在邵荣之下。

一天，邵荣邀请朱元璋去他位于三山门外的兵营里阅兵。朱元璋刚刚出门，就突然刮起了大风，卷走了亲兵手中的绣龙大旗。朱元璋想到刘基叮嘱他千万谨慎行事，又看到这个不祥的兆头，当即打道回府。他还派出亲兵去邵荣的营地里打探情况，想弄明白到底是哪里出了问题。亲兵到了邵荣的兵营后，发现带刀甲士悄悄地藏身于几座帐篷里，这肯定是要刺杀朱元璋的。至此，朱元璋知道邵荣对他的险恶用心了。但是，他想不明白他与邵荣相安无事，邵荣为何要加害于他。为此，他决定逼迫带兵元帅宋国兴说出实情。宋国

兴告诉朱元璋，邵荣和赵继祖想要效仿陈友谅发动政变，借助阅兵的机会铲除朱元璋，取而代之。

朱元璋得知真相后，当即让亲兵通知邵荣改为次日上午阅兵。次日上午，邵荣、赵继祖亲自率领随从们迎接朱元璋。朱元璋阵势很大，带了三百多名亲兵站在道路两旁。邵荣、赵继祖不知道朱元璋已经得知了他们的阴谋，因而丝毫也没有防范这些亲兵。就这样，朱元璋还在马背上呢，亲兵们就控制住了邵荣和赵继祖。为了避免其他将士寒心，朱元璋装作伤心落泪的样子，征求大家的意见如何处置邵荣和赵继祖。

朱元璋的心腹们当然知道朱元璋的心思，因此他们有的唱白脸，有的唱黑脸，最终给邵荣和赵继祖留下了全尸。朱元璋就这样铲除了心腹大患，还给大家留下了重情重义的好印象。

朱元璋杀了邵荣和赵继祖之后，一边整顿军队，加强对水师的训练，一边号令将士们坚持屯田。至正二十三年（1363年），陈友谅一边召集军队，准备从朱元璋手中再抢回江西，一边在武昌修建各种建筑。不得不说，在朱元璋救援小明王，应天兵力空虚的绝佳时机，陈友谅没有当机立断发兵攻打应天，此后也就很难攻下应天了。

四月，陈友谅做好万全的准备，举兵讨伐朱元璋。他首先要进攻洪都。为了这次进攻，他制造了体型庞大的战船，战船高三层，每层都封闭严密，无法听到其他层的声音。陈友谅自称率领六十万大军，千帆竞发，朝着洪都驶去。这次讨伐朱元璋，陈友谅举国出动，他不但率领六十万大军，还让将士们的家属也随着战舰一起出战。

四月二十七日，陈友谅亲自率领大军攻打抚州门。面对陈友谅的十几万大军，守将朱文正、邓愈虽然只有一万多人马，却誓死捍卫洪都城，把洪都城守得密不透风。陈友谅几次攻城都以失败告终，他不得不休战数日，转而进攻新城门。让他没想到的是，新城门的守将薛显并不死守，而是积极地迎战。他骑着大马，手握利刃，手起刀落，把陈友谅的得力干将刘震腰斩了。面对新城门，陈友谅依然久攻不下，他只好先攻打附近的城镇，陆续占领了吉安、临江等地。很快，陈友谅发起了第三轮进攻，瞄准了宫步门和士步门。

作为守将，赵德胜每天都亲自来到城墙上巡视战况，给将士们鼓气。一天，赵德胜正在激励将士们，突然被一支冷箭射中，壮烈牺牲了。将士们看到赵德胜去世，更加斗志昂扬，他们以血肉之躯铸就了坚固的城墙，决不让陈友谅得逞。陈友谅并不想放弃这块难啃的硬骨头，因而派出队伍死

死围困，并且试图从水路进行偷袭。两个多月来，朱文正一直坚守洪都。在陈友谅的包围下，他与外界断绝了联系，孤立无援。朱文正一边假意逢迎，以便让陈友谅放缓攻势，一边派千户张子明偷偷地从水路赶赴应天求援。

六月十五日，张子明把自己装扮成渔夫的样子，想方设法地出了城，又赶夜路奔赴应天，以躲避陈友谅的耳目。他用了半个月，才赶到应天。正巧，朱元璋从安丰也回到了应天，因而张子明把洪都的情况告诉了朱元璋。朱元璋问明洪都的情况，让张子明传令给朱文正再守一个月。张子明带着朱元璋的命令回城，却被汉军捉住了。

为了把朱元璋的命令传给朱文正，张子明假装配合陈友谅去劝降朱文正。陈友谅命人带着张子明去到城墙下，不想，张子明非但没有劝说朱文正，反而当即大声喊道："朱都督听着，主公令我传谕给你，一定要再坚守此城，大军不日即到！"陈友谅闻言怒火冲天，马上杀死了张子明。紧接着，陈友谅马上下令攻城。原来，他想赶在朱元璋派兵增援之前攻占洪都。守城的将士们看到张子明被杀，全都拼死抵抗。陈友谅攻城再次失败，只能与守城的将士僵持不下。

看到张子明带着自己的口谕离开了，朱元璋焦虑万分。他知道朱文正只有一万多兵马，而陈友谅却有几十万大军，

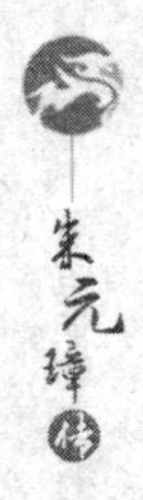

兵力如此悬殊，朱文正很难坚持长久。一旦陈友谅进行车轮战，朱文正和全体将士很快就会被拖垮。眼看着已经到了六月底，朱元璋飞骑传谕给徐达和常遇春，命令他们马上从庐州撤兵，火速支援应天。

七月初六，十几万水陆大军从各地赶回应天，在龙江祭旗誓师。朱元璋亲自率领徐达、常遇春等各位大将，扬帆西进。朱元璋已经做好了准备要与陈友谅决一死战。他派出两支队伍阻断了陈友谅的后路，并且派人驻守洪都东南的武阳渡，这样一来，陈友谅的水师就无法从南面逃跑了。至此，水上大战正式拉开了帷幕。

陈友谅丝毫也不惧怕朱元璋的二十万大军，因而他继续围攻洪都，只等着朱元璋来到，好彻底铲除朱元璋，消灭朱元璋的队伍。这次发兵，陈友谅做了充分的准备。迄今为止，他已经外出征战两个多月了，但是依然有充足的粮草和军械，所以他根本不为将士们的生活而担忧。

然而，陈友谅只是在粮草方面做足了准备，在战略战术方面，他不如朱元璋考虑得那么周到。朱元璋采纳了刘基的建议，坚持“移师湖口”的战略，通俗地说，就是关起门来打狗。为此，朱元璋派出很多战舰封锁了各个湖口，使陈友谅即使觉察到情势不妙，想要逃跑，也根本无处可逃。

陈友谅围困洪都八十五天，这个时候，朱元璋的大军已经进入湖口。眼看着马上就要腹背受敌，陈友谅才不再围困洪都，转而迎战朱元璋。从兵力上来说，即使朱元璋率领大军赶到，陈友谅依然占据优势。此外，陈友谅的船舰也是不容小觑的。七月二十日，朱元璋的队伍和陈友谅的队伍在康郎山展开激战。朱元璋只有几艘大船，其他都是小船，陈友谅则有多艘大船，而且船船相连。刚开始时，双方势均力敌，全都损失惨重。后来，风势改变，陈友谅占据上风，马上发挥出船舰的威力，朱元璋处于劣势。朱元璋损失了几员大将，决定暂且休战，次日再战。

经此一战，朱元璋意识到陈友谅的实力的确很强，也见识到陈友谅的战舰具有无穷的威力。他组织将士们进行讨论，最终决定采取火攻的方式对付陈友谅的庞然大物。一旦采取火攻，陈友谅战舰的规模优势就会变成劣势。然而，采取火攻要有天时，要等到风势合适的情况下使用效果最好。朱元璋看到天空晴朗，万里无云，非常担忧。刘基却胸有成竹，让朱元璋先派人准备好燃料。果不其然，七月二十二日清晨，朱元璋和陈友谅都在鄱阳湖上排兵布阵。很快，他们就将迎来一场恶战。

朱元璋召集全体将士，告诉他们和昨日的战事相比，今天的战事会更加激烈，也鼓舞全军都要奋不顾身，投入战斗，决不允许临阵脱逃。随即，他们就战鼓齐鸣，驾驶舰船向着康郎山行进。这时，陈友谅的舰船抢占了有利地势，处于上风头，迫使朱元璋的小船只能迎风交战，因而损失惨重。此时此刻，朱元璋心急如焚，祈祷老天赶紧刮起东南风。整个上午在激战中度过，朱元璋的船队阵形已经彻底乱了，残船败兵情不自禁地想要逃离。朱元璋再次重申“后退者杀”的命令，突然发现有几只渔船如同离弦的箭一样驶向汉军的船队。看到渔船上满载易燃之物，汉军的将士们都如临大敌，纷纷放箭试图阻挠小船靠近他们。然而，他们的箭雨只射中了草人。草人的头上戴着头盔，看起来和真人无异，所以他们才难以分辨真假。这个时候，敢死队员把渔船上的火药全都点燃了，然后飞奔到紧随小船后面的飞艇上，火速后撤。在东北风的推动下，七八只火船陆续与汉军的方形船队撞击在一起，船上的火药发生了大爆炸，点燃了方形船队。转瞬之间，湖面化作火海，汉军的舰队遭到火攻，将士们发出鬼哭狼嚎的惨叫声。很多将士争先恐后地跃入水中，但很多人都溺亡了。留在船上的士卒也都被火烧死了。

朱元璋的这场火攻大获全胜，烧毁了陈友谅的八个方

形船队。看到几十艘大船和几百只小船都被烧毁，陈友谅非常痛心。他的五弟陈友仁，即“五王”，也被郭英刺死了。得知五弟的死讯，陈友谅心如刀割。他独自呆坐在船头，次日清晨就向朱元璋挑战，且没有和前一次一样约定战斗的地点。这一天，刮起了西南风，沉浸在悲痛中的汉军占据上风。陈友谅下令全体将士集中火力攻打朱元璋的帅船。朱元璋的帅船和其他船只不同，涂着白漆，这使得陈友谅的全体将士都很清楚朱元璋在哪一艘船上，所以他们一边和昨天一样集中炮火进行猛烈攻击，一边派出火炮船队试图绕到朱元璋的帅船后面，对朱元璋展开猛攻。此时，朱元璋正站在船头挥舞着调度旗，指挥战斗，丝毫没有意识到危险的临近。就在敌人的船队逼近之际，刘基意识到危险，当即拉着朱元璋跳到相邻的船上。与此同时，传来一声巨响，朱元璋眼睁睁地看着自己的帅船被敌人炸成了碎片。

朱元璋死里逃生，倒吸了一口凉气。看到朱元璋的白船被炸飞，陈友谅忍不住哈哈大笑起来，他还以为朱元璋和帅船一起灰飞烟灭了呢。正在此时，朱元璋乘坐另一艘大船继续督战，领兵向着汉军杀来，陈友谅知道朱元璋毫发无损，失望地走下舵楼。

这时，廖永忠和俞通海率领六只快船，挑战汉军的船

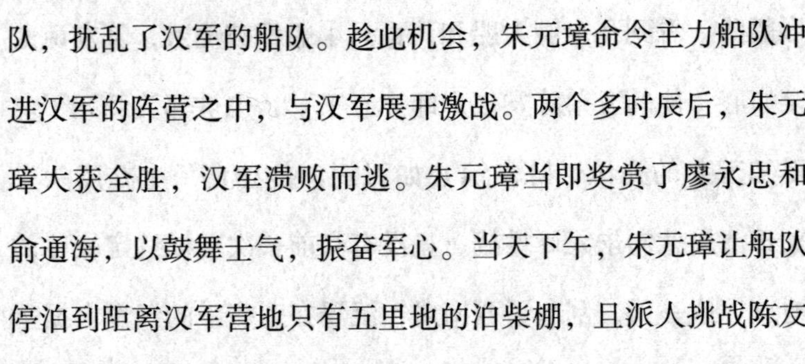

队，扰乱了汉军的船队。趁此机会，朱元璋命令主力船队冲进汉军的阵营之中，与汉军展开激战。两个多时辰后，朱元璋大获全胜，汉军溃败而逃。朱元璋当即奖赏了廖永忠和俞通海，以鼓舞士气，振奋军心。当天下午，朱元璋让船队停泊到距离汉军营地只有五里地的泊柴棚，且派人挑战陈友谅。此时，陈友谅惊慌未定，士气衰弱，所以不敢应战。

七月二十三日，因为湖水落潮，且双方都需要时间休整，因而宣布停战。朱元璋率领船队离开鄱阳湖，找到隐蔽的地方进行休整。次日晚上，朱元璋正在吃饭呢，朱升前来求见。原来，朱元璋的粮食所剩不多了，必须马上筹集粮食。

朱元璋意识到必须速战速决。他命令把所有船只都涂成帅船的颜色——白色。这个时候，陈友谅的左、右二金吾将军率领部下们投奔朱元璋。自古以来，临阵倒戈是大忌，说明陈友谅已经失去军心。朱元璋当即下令设宴款待二位将军，并且派出使者送了一封信给陈友谅，以便推动战争向前发展。

陈友谅读了朱元璋的信气得七窍生烟，不但一把撕碎了信，还把使者扣留下来。即便如此，他依然怒火中烧，因而下令杀死了两千多个俘虏。朱元璋显然比陈友谅更加聪明，

他没有杀死俘虏以报复陈友谅，反而善待俘虏，还发钱给那些不愿意留下来的俘虏，让他们回家。为了趁此机会笼络人心，他还下令全军举行祭奠仪式，祭奠为陈友谅战死的将士和亲人。为了解决粮荒，他命令朱升从陈友谅那里抢夺粮草，又命令常遇春和廖永忠率领队伍去南湖嘴切断汉军的退路。

此时，陈友谅知道情势越来越不利于他，因而陷入了矛盾之中。七月二十七日，陈友谅决定突围，率领大军火速赶回老巢——湖北武昌。为此，他们要从湖口西面的南湖嘴进行突围。七月二十八日这一战至关重要，朱元璋和陈友谅都亲自指挥战斗。陈友谅吸取了此前被火攻的惨痛教训，命令巨舰在战斗中必须拉开距离。陈友谅原本想擒贼先擒王，让将士们集中火力猛攻朱元璋的帅船，却惊讶地发现朱元璋的十几艘大船都变成了白色"帅船"，白花花的一片很刺眼。情急之下，陈友谅顾此失彼，只能仓促地投入战斗，漫无目的地和朱元璋的大船纠缠在一起。他们打了整整一天，也没有分出胜负。

后来，陈友谅离开楼船，改为乘坐一艘快船。原本，他是想分散朱元璋的注意力，却一不小心被箭射穿了头颅。就这样，陈友谅死了。得知这个喜讯，全体将士们都欢呼雀

跃，但是朱元璋怀疑陈友谅是假死。为此，他命令主力战船不要懈怠，继续追击陈友谅的舰队。一则是为了消灭敌军，二则是为了确定陈友谅的死讯。次日，太尉张定边、杨丞相等人连夜驾驶快船，带着陈友谅的尸首和陈友谅的次子陈理，逃向武昌。

第五章 东征西讨立基业，开创大明兴百业

扫清立国的障碍

看到陈友谅的残部逃之夭夭，有些将领主张乘胜追击，朱元璋却任由他们逃窜回到武昌。他派出一支队伍跟在陈友谅的余部后面，而让其他将士清扫战场，清点俘虏的汉军和夺取的军械。随后，他就带着刘基、朱升等文臣，去康郎山上举行祭祀典礼，凭吊阵亡的将士们。

当天夜里，朱元璋马不停蹄地赶往洪都。此时，朱文正已经率领将士们在洪都坚守了三个多月。此外，他还去墓地祭奠了战死的赵德胜和为了传他口谕英勇就义的张子明等人。次日，各路将领全都汇聚到洪都，向朱元璋汇报战果。

当天下午，朱元璋召开了庆功宴，祭奠那些死去的将士，嘉奖他们的家属，也嘉奖了那些战功赫赫的将士。对于那些临阵脱逃的将士，他根据情节轻重酌情处理，总而言之，朱元璋赏罚分明，令人心服口服。对于那些虽然有战功却也犯下错误的将领，朱元璋也给予了批评。例如常遇春杀

死了投降的汉军将领，朱文正抢夺民女等，他都一一当着众人的面严肃批评，或者剥夺奖励，或者给予惩罚。至此，全体将士都为朱元璋的记忆力而感到惊叹，他们知道自己的一言一行和一举一动都被朱元璋看在眼里，记在心里，也就不敢造次了。

庆功宴结束后，朱元璋正准备读夏煜送来的古书，在亲信的提醒下，突然想到自己已经有一个多月没有亲近女色了。他却不知道，亲信要带给他的绝色女子，原来是陈友谅的未亡人阇氏。”阇氏已经身怀六甲了，为了保得母子平安，只好对朱元璋曲意逢迎，强颜欢笑。然而，朱元璋不会像陈友谅一样沉醉在温柔乡里，次日清早，他就率领大军火速赶回应天了。

回到应天之后，朱元璋命令大军进行休整。得知陈友谅的儿子陈理继承了陈友谅的皇位，大有重整旗鼓的架势，朱元璋当即决定率领大军西进攻打武昌。与此同时，朱元璋也很担心东南面的安全。因为张士诚、方国珍和陈友定都在东南方向，驻扎在距离应天不远的地方。为了保护应天的安全，他决定亲自率领分别以常遇春、康茂才、廖永忠、胡廷瑞为首的四队人马西进讨伐武昌，而把其他文武大臣留在应天，以备不测。应天有李善长、徐达等大臣驻守，朱元璋再

无后顾之忧。

至正二十三年（1363年）秋末，朱元璋率领五万大军水陆并进，用了七天七夜的时间，火速赶到武昌城。他们连日围困武昌，陈理却紧闭城门，拒绝投降。朱元璋经过观察发现武昌城又高又险，无法强攻，因而决定继续围困。转眼之间，到了年底，朱元璋先行回到应天处理政务。李善长等人一边向朱元璋汇报工作，一边催促朱元璋抓住机会称帝。然而，朱元璋犹豫不决。一则，他生怕顶着大宋小明王称帝会引起众怒；二则，他觉得自己只占有很小的地盘，还不到半壁江山，称帝为之过早；三则，他觉得劝他称帝的人居心叵测。为此，他当即表示拒绝。然而，李善长等人非常执着，看到朱元璋不愿意称帝，就劝说朱元璋称王。朱元璋拿不定主意，当即去请教刘基，刘基对此表示赞同。得到了刘基的支持，至正二十四年（1364年）正月初一，朱元璋称吴王。

春节之后，朱元璋再次赶赴武昌，亲自督战。这是朱元璋一生之中最后一次亲征。朱元璋先是派降将罗复仁去劝降陈理。最终，张定边决定投降以保全陈理的性命。为了尽量不在城里引起轰动，朱元璋只带了一队亲兵进城，接受陈理的投降。然而，朱元璋险些因此丢掉性命。原来，朱元璋带着亲兵刚刚走到城门边，大将陈同金突然握着大刀一跃而

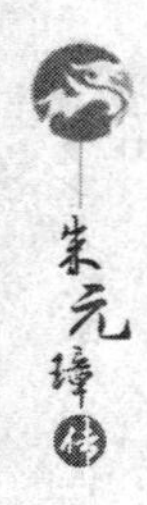

出，砍向朱元璋。就在这千钧一发之际，郭英作为朱元璋的亲兵总指挥纵身一跃，挡住了朱元璋。与此同时，他身手矫捷，右手飞起一剑，刺死了陈同金。

见此情形，陈理“扑通”一声跪在地上，不停地磕头请罪。朱元璋亲自扶起陈理，说：“别害怕，我知道这件事情与你无关。”朱元璋进入武昌城之后，特意派人去看望和安抚陈友谅的父母，善待陈友谅的文武百官和家眷。得知消息，正在益阳誓死抵抗朱元璋队伍的陈友才——陈友谅的哥哥，人称“二王”，当即归降了朱元璋。在他的带领下，很多将领也相继投降朱元璋。就这样，陈汉政权覆灭了。

朱元璋西征大获成功。他带着陈理回到应天，给陈理封官，让陈理在应天安居。作为陈友谅的忠诚将领，张定边拒绝了朱元璋的高官厚禄，出家当和尚了。在解决了陈友谅的威胁之后，接下来，朱元璋的目标是张士诚。张士诚原本归附了元廷，后来因为对元廷不满，便与元廷反目成仇，还囚禁了元廷江浙右丞达识帖木儿。九月，张士诚重新称王，由诚王改称东吴王。迄今为止，张士诚依然没有要当皇帝的野心，只想多多霸占地盘，乐得逍遥自在而已。

张士诚看到自己与朱元璋僵持不下七八年，却相安无事，误以为是自己的实力足够强大，所以朱元璋不敢打他的

主意。不仅张士诚是这么想的，就连他的将士们也都有这样的想法。在这种思想的影响下，张士诚和将士们坚守富庶之地，过着奢靡的生活，这注定了张士诚会失败。

朱元璋向来师出有名，为了找到借口剿灭张士诚，他写了一篇战斗檄文，列举了张士诚的八条罪状。很快，朱元璋的大将们就攻占了张士诚的很多富庶之地。至正二十六年（1366年）六月初，徐达率领队伍收复濠州，朱元璋借此机会回到家乡。如果从进入皇觉寺算起，朱元璋已经离开孤庄村二十一年了。当年，他才十七岁，是个不折不扣的毛头小伙子。现在，他已经成为君王，占地数千里，率军数百万。他迫不及待地想要衣锦还乡。

至正二十六年（1366年）八月初一，朱元璋派出水师，在太湖与张士诚决战。此外，他还命令徐达和常遇春率领二十万大军，征讨张士诚。徐达、常遇春率领大军攻打湖州，李文忠率领队伍袭扰杭州，华云龙率领队伍进攻嘉兴。三路大军一起出征，大有不可阻挡之势。

八月二十五日，徐达率领队伍攻占旧馆，接到了朱元璋的杀降密令，当即大开杀戒，杀死了至少四万战俘。十一月，朱家军包围了平江，张士诚困兽犹斗，誓死不降。朱元璋派张士诚的旧日好友李伯升前去劝降，张士诚动心了。

朱元璋很有耐心，坚持围城，而不进攻。眼看着即将城破，张士诚的妻子刘氏烧死了张士诚的小妾们，而后上吊自杀。很快，徐达就攻入城中。徐达严肃军纪，禁止将士们烧杀抢掠，所以城中一切井然有序，民心安稳。

九月，张士诚被押送到应天面见朱元璋。看到张士诚绝不屈服，朱元璋就让亲兵用弓弦勒死了张士诚，又把张士诚焚烧后埋葬在石头城下。张士诚的人生定格在四十七岁这一年。

朱元璋相继灭了陈友谅、张士诚，再也没有心腹大患了。至正二十六年（1366年）初秋，文武百官们对朱元璋登基的事情议论纷纷。朱元璋当然要当皇帝，但是他不知道应该如何处置小明王韩林儿。为此，朱元璋很后悔。当年，他如果听从刘基的劝说，放弃救援小明王，那么现在就不会这样进退两难了。他思来想去，决定召回大将廖永忠，去完成一项艰巨而又特殊的任务。在朱元璋的暗示下，廖永忠意识到朱元璋是让他杀死小明王，为朱元璋登基消除阻碍。他圆满地完成了这个任务，使小明王“意外”地溺死在江心。为了表达出对没有完成朱元璋交代的任务深感痛心，廖永忠不但率领部下下水搜救小明王，还因为没有救上小明王而当众痛哭流涕。最终，廖永忠只把小明王的家眷带回了应天。

廖永忠回到应天，朱元璋才得知小明王在瓜步洲渡口溺死，立即破口大骂廖永忠。此时，廖永忠磕头如捣蒜，小明王的妃子和孩子也都为廖永忠求情。李善长等大臣也为廖永忠求情，但朱元璋依然火冒三丈。最终，刘基把这件事情解释为天意，朱元璋这才不再追究。

朱元璋当即下令应天城在一个月内都要默哀，以纪念小明王。此外，他还率领文武百官去长江边祭奠小明王。做完这些事情后，他宣布以次年，也就是至正二十七年，为吴元年。对于廖永忠，朱元璋则给了他戴罪立功的机会，让他带着援军重返隆平前线。朱元璋免了他的罪，但要求他必须戴罪立功，于是派他带领一支援军，回到隆平前线，担任副帅一职。对于廖永忠而言，这无疑是升官了。

很快，朱元璋就收到了攻占隆平城的好消息。他当即分析了天下大势，于至正二十七年（1367年）十月，兵分四路讨伐全国。朱元璋瞄准了各地的起义军，也要借此机会消灭地方武装。占据东南的方国珍成了他的眼中钉和肉中刺。方国珍审时度势，决定好汉不吃眼前亏，暂时向朱元璋臣服。然而，他暗中与北方的元将扩廓帖木儿、福建的陈友定相互勾结，企图守望相助。朱元璋得知此事气愤异常，当即发出最后通牒警告方国珍，并且派出大将汤和与朱亮祖形成南北

夹击之势，剿灭方国珍。很快，他们就攻占了方国珍的老巢庆元路，方国珍马上逃之夭夭，并且写信向朱元璋认罪。

正准备称帝的朱元璋看到方国珍的信情真意切，因而饶恕了方国珍，让方国珍担任广西行省左丞的职务。但是，他为了牵制方国珍，只给方国珍相应的俸禄，而不让方国珍走马上任。几年后，方国珍在应天去世了。消除了方国珍这个心腹大患，朱元璋接下来要铲除福建的陈友定。

朱元璋派出汤和攻打陈友定。陈友定看到事态不妙，原本想服药自尽，却被部下控制住，开门投降后和儿子一起被朱元璋斩首。与此同时，朱元璋的其他战线也捷报频传。很快，朱元璋就铲除了很多势力，接下来该北上灭元了。

朱元璋格外重视四路大军里的北伐军，因为北伐军要对抗的是元军。此次出兵前所未有，且朱元璋并没有亲自督战。为了保证北伐顺利进行，朱元璋召集诸位将领来到中军帐，商议北伐的相关事宜。

至正二十七年（1367年）十月二十一日，大将军徐达和副将军常遇春率领二十五万精兵强将从淮河进入黄河，一路向北行进，直取中原。他们的成功与否，直接关系到朱元璋能否消灭元朝，统一中原，建立帝业。为了振奋士气，在亲自目送大军开拔之后，朱元璋还让长子朱标的老师创作了

《谕中原檄》，以作为北伐大军的行动纲领。

正值隆冬时节，大军北进非常艰苦，顶风冒雪。朱元璋接连很多天晚上都不畏惧寒风，亲自观察天象。毕竟对于吴军而言，他们从未在寒冷的北方作战，肯定会遇到很多困难的。一天凌晨，朱元璋发现火星与金星擦肩而过，宜大展兵威，因此，他命令亲兵火速疾驰六百里，赶到沂州传谕徐达攻打益都。徐达领会了朱元璋的意思，当即命令廖永忠率领队伍攻打益都。才用了十天时间，廖永忠就攻占了益都。朱元璋闻报大喜，交代徐达留下兵力驻守山东等重要的地方之后，就继续西进，攻占河北、河南。

开创大明，振兴百业

朱元璋之所以所向披靡，与元廷的内部动荡不安不无关系。他抓住这个机会给了元朝廷致命一击，为自己登基铺平了道路。北伐大军所向披靡，捷报频传，在应天，大臣们正在热火朝天地筹备登基大典。以李善长为首的大臣们一直在劝朱元璋尽快称帝，朱元璋毫不着急，只以时机未到应对他们。最终，在刘基的一番分析下，朱元璋终于感受到自己登基是“天命难违”，因而不再推辞，答应称帝。继而，朱元璋严格要求登基的准备工作，还与刘基、李善长确定以“大明”为国号。

眼看着登基的日子越来越近了，朱元璋看到天降大雪，不由得开始担心登基那天天气不好。他雪夜拜访刘基，委婉表达了自己的担心，刘基当即告诉朱元璋，登基那天必定风和日丽，朱元璋这才放下心来。

至正二十八年，即洪武元年（1368年）正月初四，朱元

璋早早醒来查看天气情况。果然如刘基所推算的，这是一个风和日丽的晴好天气。在文武百官的陪同下，朱元璋进行了各项仪式，还立了马氏为皇后，立了世子朱标为皇太子，封了刘基为御史中丞兼太史令，还封了李善长为左丞相，封了徐达为右丞相。很多将士都在外征战，驻守外地，朱元璋没有忘记他们，而是一一给他们封赏。

当上皇帝的新鲜劲和兴奋劲很快就烟消云散了，朱元璋知道，接下来他要面对百废待兴的新国家，必然要花费更多的时间和心力。为了深入了解老百姓的生活，朱元璋决定微服私访。在微服私访的时候，他还给一个阉猪的人家写了对联！春节过去，朱元璋不仅在应天微服私访，还去了应天周边的地方微服私访。这个时候，他看到应天之外的地区满目疮痍，百姓困苦。朱元璋当然知道对于农民而言土地有多么重要的意义，为此他决心休养生息，让老百姓恢复原本的生活。

为此，他下诏大赦天下，释放十恶不赦者之外的所有罪犯。对于那些青壮年在外征战的家庭，他则下令照顾家属。对于那些因为犯罪而四处逃亡的罪犯，则允许他们改过自新，重新生活。为了促进生产，他还鼓励军民一起垦荒屯田。他免除了所有百姓三年的租税，并且让老百姓真正拥有

他们所开垦的荒地。如此一来，那些没有立锥之地，只能给地主种田的穷苦百姓，都拥有了自己的土地，都产生了生活的信心。朱元璋采取的这些措施都是行之有效的，激发了老百姓垦荒的热情，使老百姓都积极地投入生产之中。

从本质上来说，朱元璋采取的措施就是根据人口的数量对田地进行重新分配，既对那些愿意劳动、有能力经营土地的人产生了保护作用，又刺激了生产力的发展，最重要的是还照顾了那些原本没有土地的贫苦农民，使他们也为了解决自己的温饱问题而大力垦荒。为此，老百姓都很拥护和爱戴朱元璋。有些老百姓还不顾路远迢迢，特意来到应天当面感谢朱元璋呢！朱元璋对这些老百姓特别友好，给了他们路费，送他们回到家乡。为了避免这种情况持续出现，他还昭告天下，不要进京谢恩。

对于苏松地区的老百姓，朱元璋则采取不同的策略。他把当地的富民都迁走，以防止他们拥戴张士诚，他还对这些地区的老百姓收取重税，以打击报复他们。在大力发展经济的同时，朱元璋也积极地建立体制，制定法典。此时，虽然还有大军正在四处征战，打天下，朱元璋的工作重心却转为治理天下。因为朱元璋深知道打江山容易，守江山难的道理。

朱元璋很重视人才教育。洪武二年（1369年），朱元璋在全国范围内号召办学，兴办学校，还设立了明初的最高学府——国子学。国子学对人才的教育很严苛，不仅重视教授知识，也重视教授礼仪等。对于国子学，朱元璋寄予厚望，国子学的“校长”是他的亲信，因为他不放心把国子学交给其他人管理。此外，朱元璋还要求地方官也必须重视教育工作，并且把教育工作的成果作为考察地方官政绩的重要指标之一。正是因为朱元璋如此重视教育，大明朝才能不断发展，人民才能安居乐业，社会才能长治久安。

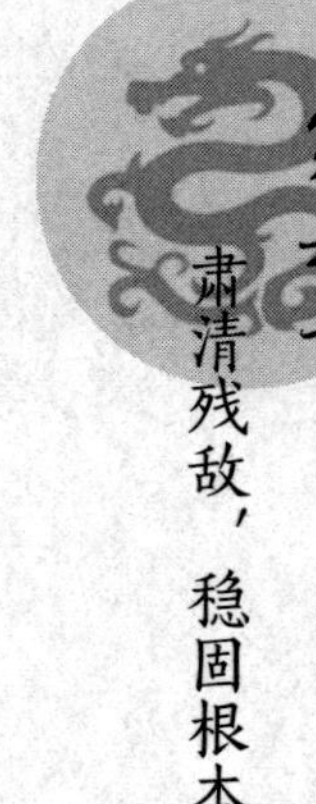

第六章 肃清残敌，稳固根本

肃清残敌，嘉奖功臣

开创了大明朝之后，朱元璋马不停蹄四处体察民情，又制定了各项措施稳固朝政，在忙完了这一切事情之后，他才终于得到机会喘息片刻。这个时候，他才开始把南征北伐的战争提上日程，要以此作为统一天下的最后冲刺。

朱元璋派廖永忠率军进攻广州。廖永忠根据朱元璋的旨意，让骑步兵和水师对广州、惠州形成夹击之势，然后才下诏书给何真招降。何真当即赶到潮州请降。廖永忠乘势挥师西进，接连攻克了梧州和滕州。与此同时，杨璟和周德兴率领大军攻占了宝庆，继而围困桂林，并且于两个月后攻破桂林，又相继攻占了南宁和象州。很快，他们就占领了广西全境。

朱元璋得到这些好消息后当即传令嘉奖，但是，他依然为北方战场担忧，并且制定了战略方针，要求兵分南北两路，形成夹击之势。北路军的任务主要是剿灭元朝，而南路

军的主要任务则是牵制元军，为北路军的前进扫除障碍。

五月，朱元璋来到汴梁督战。他和徐达意见一致，主张直取元大都。元顺帝得知朱元璋的大军杀来，赶紧带着后妃、太子趁着夜幕降临之际从健德门出逃，直奔上都开平。

八月初二，徐达、华云龙等大将率领队伍攻克大都。朱元璋对此早就有所预料，所以并不觉得惊喜。很快，徐达率领大军平定了山西。

已经习惯于在中原享乐的元顺帝逃到偏安塞外的大都之后，对于大漠里的生活极其不满。朱元璋从元朝得到了很多珠宝，都如数上缴国库。他不想赏赐后宫里的人，却想赏赐那些功臣。

洪武元年（1368年）八月，明军攻占了元大都，朱元璋筹划着要重封开国勋臣。不过，这件事情总是因为各种原因而搁置。常遇春在攻占开平班师回朝的途中与世长辞了，朱元璋得知噩耗亲致奠文。同年秋，明朝的西征大军攻下山、陕两省，至此，北伐战争圆满结束。朱元璋又动起了庆功和封赏的心思，这个时候，扩廓帖木儿率领队伍进攻兰州，朱元璋只得再次准备征讨，而又一次搁置了赏赐开国功勋的计划。

洪武三年（1370年）春季，朱元璋派出大将徐达等人率

领大军，兵分左右两路北伐扩廓帖木儿。至此，距离扩廓帖木儿败走太原才一年多。他们在沈儿峪激战，明军很快就控制了整条沟涧。扩廓帖木儿不甘心就这样被打败，因而命令全体士卒原地休息，稍后再战。这时，徐达命令主攻部队养精蓄锐，先不要主动打响战斗。直到夜幕降临，徐达下了总攻的命令，全体将士一鼓作气，大败元军。与此同时，李文忠率领的队伍也顺利地攻占了应昌。

同年十一月，朱元璋终于如愿以偿地封赏大臣们了。他论功行赏，大臣们全都对自己得到的封赏感到心满意足。当然，朱元璋也没有忘记那些犯了错误的大臣。他坚持赏罚分明，还特意表扬了武将李文忠和文将李善长。在这次封赏中，朱元璋恩威并施，表现出他督促功臣们不要居功自傲的心理，也对于大明朝的发展提出了希望。他采取这样的手段有效地驾驭群臣，可谓是治理朝政的好方法。

为了让重臣和忠臣都牢记历史教训，庆功宴结束后，朱元璋让李善长、徐达、宋濂等人负责修元史，不得不说，朱元璋驭臣有术，手段高明。

虽然朱元璋已经基本平定了天下，但是他一直视四川的夏政权为心腹大患。徐寿辉的部下明玉珍创建了夏政权，迟迟不愿意归降朱元璋。这是因为他偏居四川，且有天险三峡

天堑作为天然的屏障。最重要的是，四川与应天相距很远。正是因为如此，朱元璋一直漠视明玉珍的夏政权，只有在重要的时刻，才会派出使者与明玉珍谈和。就这样，朱元璋和明玉珍心照不宣十几年，始终和平共处，相安无事。

至正二十六年（1366年），明玉珍因病去世，他的儿子明升继承皇位。明升才十岁，根本没有能力处理朝政，为此明玉珍的妻子彭氏以太后之名辅佐朝政。实际上，当朝宰相戴寿才是真正主持朝政的人。明玉珍还没去世的时候就担心夏政权不可能仅凭着天堑就安全无虞。他刚刚去世，大臣们就自相残杀，内斗不断。

看到夏政权动荡不安，朱元璋于洪武四年（1371年）任命颍川侯、傅友德为征虏前将军，率领十万陆军作为北路大军，直取陕西，从陕甘一路向南，目标就是入川消灭夏政权。这个时候，中山侯汤和、德庆侯廖永忠一起率领南路水军，沿着长江一路西进，征讨重庆。

朱元璋知道四川山高地险，因而很担心派出去的大将会凭据天险反叛，因而坚持大将攻城、亲信守城的稳妥方法，派养子何文辉和傅友德一起进军四川。他这么做的目的在于让何文辉监视傅友德，并且等到傅友德攻下四川之后，摘取胜利的果实。他已经做好安排，一旦攻取四川，汤和、廖永忠、傅友德等大将当即回到应天，而何文辉则留在四川负责镇守和管理。

洪武四年（1371年），朱元璋不但派出大军征伐四川，也派出大军抵达南方地区平定叛乱。总体来说，大明朝自从建立之初至今，还是很平稳的。年底，徐达从北平府回到应天，主动向朱元璋请缨再次西征大漠。朱元璋表示同意，让徐达率领十五万大军再次西进，直抵沙漠。在这次战斗中，徐达中了扩廓帖木儿的圈套，腹背受敌，损失惨重。在徐达的征战生涯中，这是他第一次也是唯一的一次战败。他当即上表自劾。不过，徐达这次冒进也并非毫无意义，他至少牵制了元军主力，这样一来，右路的冯胜就拥有了绝佳的战机。

总体来说，朱元璋很后悔进行了这场劳民伤财的战争，却徒劳无功。他认识到，自己应该更加坚定立场，而不要因为将士请战，就表示妥协。如果他当时能够拒绝徐达的请战，那么也就不会有这场战争了。

整治后宫，稳固根本

朱元璋一边操心国家大事，一边也要操心家事。让朱元璋感到苦恼的是，太子朱标虽然勤奋好学，但常常与他意见相左。他认为太子太过儒雅，因而显得胆小怯懦。尤其是在宋濂对太子的影响很大时，朱元璋更是忧心忡忡。

朱元璋很重视对太子的教育，却很少为后宫的事情而分心。尽管历朝历代以来，很多皇帝都为后宫的勾心斗角而烦恼，而且朱元璋后宫嫔妃身份各异，各怀心思，但因为有贤惠的马皇后，所以他无需为后宫烦恼。马皇后不但主管后宫，还负责为朱元璋做一些工作，例如帮助朱元璋保存好札记、备忘录等。看到其他嫔妃争相邀宠，马皇后也不嫉妒，她最希望做到的事情就是竭尽所能地为朱元璋免除后顾之忧。

马皇后一直坚持朴素的生活，从来不肯浪费任何粮食，对粗茶淡饭甘之如饴，粗布衣服也穿得很舒服。朱元璋深知

没有马皇后就没有他的今天，因而发自内心地感激马皇后，还在所有妃子面前把马皇后与唐太宗的长孙皇后相媲美。

相比起太子的教育和后宫的生活，朱元璋最关心的就是大明朝的“万世一统”。他喜欢读历史，知道宋、元两朝之所以灭亡，就是因为“主弱臣强”。为了避免这种情况的出现，他殚精竭虑，铲除功臣。

朱元璋最先瞄准的是李善长。他流露出换丞相的意思，却被刘基劝阻了。李善长因为刘基把他的侄子李彬斩首，而对刘基恨之入骨。因为刘基说过只要杀了李彬，天就会降雨，而斩首李彬之后，天一直没有下雨，所以李善长借此机会向朱元璋告状。看到李善长向朱元璋诋毁刘基，那些平日里被刘基得罪的大臣也纷纷联名上告。为此，朱元璋委婉地劝说刘基颐养天年。因而，刘基借口糟糠之妻去世，躲到青田老家了。

李善长终于达成了目的，赶走了刘基。其实，李善长与刘基之间的争斗，不是代表他们个人，而是代表两个集团。李善长代表了淮西功臣集团，刘基则代表了江浙集团。在剿灭了外敌之后，原本一致对外的利益集团之间必然会出现矛盾，出现纷争，甚至水火不容。

因为李彬被斩首，李善长总是做噩梦，就请了病假在家

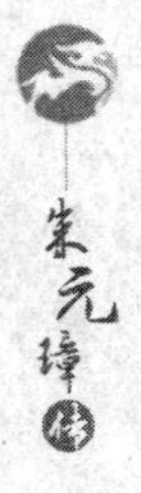

中休养。左丞相李善长因病告假，中书省无人管理。徐达尽管担任右丞相这个职务，但是他长期驻守北方，根本没有时间回到朝廷里料理政务。最重要的是，徐达作为大明第一武将，根本不善于治理朝政。应该让谁接替李善长，担任左丞相呢？朱元璋想起刘基曾经断言有几个人不能胜任丞相，因而让徐达担任左丞相，而让杨宪暂时代理右丞相这个职务。后来，他又让汪广洋担任左丞相，就相当于罢免了徐达。由此一来，杨宪正式升任右丞相。杨宪看到原本只是参政的汪广洋居然官位比他更高，马上与汪广洋明争暗斗。汪广洋为人宽和，已经处处顺从杨宪了，杨宪依然对他妒火中烧。

不久后，杨宪的外甥科考作弊，朱元璋不但将杨宪罢官，还诛杀了杨宪。就这样，一人之下、万人之上的左丞相职务又出现了空缺。朱元璋达到了“弱枝叶而强本干”的目的。他并非真心想找到一个称职的左丞相，而是让被刘基断言不能胜任左丞相职务的人当丞相。就算刘基，也并不知道朱元璋的真实意图。

直到次年正月，李善长才恍然大悟，明白了朱元璋的用心。他当即上奏请辞，要告老还乡。朱元璋假意拒绝两次之后，在李善长第三次请辞时，当着文武百官的面宣读了李善长的辞官奏折，当众赐李善长荣归故里。

当年正月底，五十七岁的李善长回到老家濠州。这一年，刘基已经回到家乡青田将近两年了。他每天饮酒下棋，绝口不提此前与朱元璋打天下的功劳。在此期间，朱元璋不时写信给刘基，后来更是写信请刘基回到他的身边。刘基就这样回到了京城，任太史令。洪武八年（1375年）正月，刘基身患重病，在被送回家乡后，于四月十六日病逝。

没有了刘基，胡惟庸大权在握，更加肆无忌惮，专横霸道。渐渐地，徐达也对胡惟庸非常不满。胡惟庸试图买通徐达的随从福寿，谋害徐达，却被立场坚定的福寿揭发了。不想，朱元璋并没有惩治胡惟庸，因为他想让胡惟庸牵制徐达。

有一次，胡惟庸的儿子骑马在街道上横冲直撞，被一辆马车碾压，胡惟庸就杀死了马车夫。朱元璋这才知道胡惟庸专横跋扈到什么程度，因而坚决要惩治胡惟庸。胡惟庸当即联合御史大夫陈宁、中丞涂节等人企图谋反。洪武十二年（1379年）十一月，占城来贡，胡惟庸等人居然瞒着朱元璋，拒不上奏。守城的士兵们看到占城贡使赶来象、马等活物，把这件事情告诉了朱元璋，朱元璋这才知道自己被蒙在鼓里，不由得勃然大怒，当即下令处死胡惟庸。这件事情牵连了三万多人，是历史上有名的“胡狱”事件。

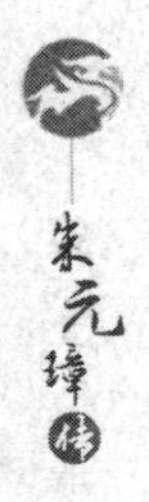

处死胡惟庸之后，朱元璋宣布废除丞相制，从此之后理所当然地自己兼任丞相的职务，从而牢牢掌握权力，而所有文臣都只能静候他决定一应事务。洪武三年（1370年），朱元璋开始实行宗室分封制，让亲信大将代替受封的年幼诸王镇守重要的领地，而诸王等到长大之后就可以去接管，做好镇守工作。如果不是因为很多地方经常发生叛乱，朱元璋也许早就解除武将的兵权了。洪武十一年（1378年），元昭宗病逝，朱元璋更改了防御战略，实行军民分治，不再让兵权集中在某一些武将手中。

如此一来，朱元璋一石二鸟，不但彻底解决了军政集权的难题，而且把事务权分散给各级机关和不同的机构。这使得在全国范围内，只有他一个人掌握着大权，也只有他才是全国的最高首脑。

皇帝高度集权固然让朱元璋解除了后顾之忧，却也暴露出很多隐患。朱元璋让诸王去封地镇守，诸王可以掌控和调遣军队，所以拥有很大的权势。渐渐地，朱元璋和其继任者开始担心无法控制诸王，因而不得不采取很多措施限制诸王的军政权力，从而保证朝廷的绝对安全。

朱元璋绞尽脑汁地想办法稳固大明朝的江山。和历朝历代的皇帝相比，他的疑心病都是尤为严重的。他相继废除

了丞相制，改革了兵制，任命诸王镇守封地，依然缺乏安全感，为了大明朝的稳定而寝食难安。后来，他想出了一个狠毒的办法，即设立锦衣卫。从本质上来说，锦衣卫就是由皇帝直接掌控的军事特务机构，设有法庭和监狱，采取的手段令人闻之胆战心惊，堪比人间地狱。

为了随时随地掌握大臣们的动向，朱元璋常常微服出宫，对大臣们搞突然袭击。这也让大臣们胆战心惊。此外，朱元璋还让大臣们互相监督，互相弹劾，从而使得除他之外，从未有人拥有绝对的权力。此外，锦衣卫也对所有大臣行使监督权。在当时，提起锦衣卫，所有大臣都心有余悸，噤若寒蝉。锦衣卫的存在尽管帮助朱元璋掌控朝权，却也破坏了朱元璋与大臣们之间的关系，使大臣们与朱元璋离心离德。如果从利弊的角度进行分析，那么锦衣卫的存在无疑是弊大于利的。

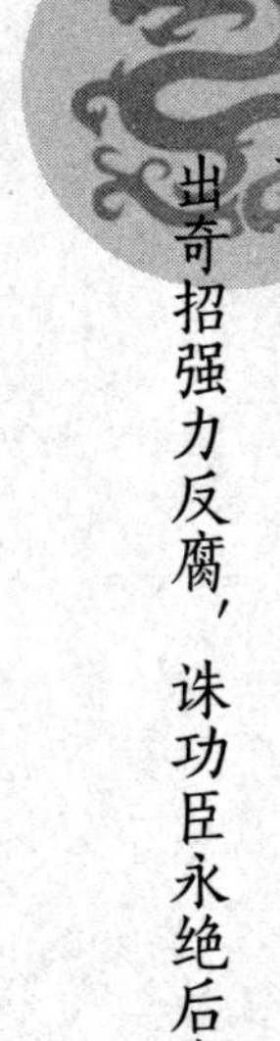

第七章 出奇招强力反腐，诛功臣永绝后患

以奇招大力反腐

朱元璋出身贫苦，他始终没有忘记，在他小时候，全家人都被元朝的贪官污吏压榨，因而生存艰难。他始终没有忘记，他的父母和兄弟是如何惨死的。所以他坚决反对腐化奢侈，也很憎恶贪官污吏。他之所以要参加义军，就是为了杀死所有的贪官。登上皇位之后，他依然不忘初心，很快就在全国开展了反贪运动。他始终紧盯着中央和地方各级官员的一举一动，一旦发现在他的身边有大臣贪污腐败，他毫不迟疑地开始大力整治，严厉惩治。

民间传说，朱元璋曾经派亲兵去很多官员家的泔水桶里查找贪污腐败的证据。一旦发现某个官员家的泔水桶里有鱼肉，他就断定这个官员的生活极其奢靡，因而抓住几个官员作为典型当众处决，杀一儆百，以儆效尤。朱元璋希望以这种方式引起其他各级官员的警惕。当然，他不会被动地等到抓住证据才去惩治官员，而是会亲自把关考核和提拔中央和

地方的官员。新官履任时，朱元璋会把赐给官员的很多东西都减半发放，就是为了让他们厉行节约。然而，尽管他的措施力度很大，却没有起到预期的效果。出乎他的预料，官场上的贪污腐败现象越来越严重。

明朝初年，朱元璋建立了户籍管理制度，以保证国家的财政收入。江浙的很多富户为了逃避徭役，对自己的田产进行分割，分别假托在其他人的名下。得知富户用这种方式逃避赋税，朱元璋当即派人去各地查看情况。但是，老百姓避税的行为却和官员贪污腐败的行为一样屡禁不止。

洪武六年（1373年），朱元璋不仅在南京城内修筑城防，还派出大将不远千里地去北方的重要府县修筑城防。得知朱元璋要在南京城修筑城防，富商沈万三提出要捐建银钱，帮助南京大兴土木。以前，朱元璋不管多么缺钱都不敢在老百姓身上打主意，因为他怕引起老百姓不满。现在，他修筑城防是为了保护老百姓，所以老百姓理应尽义务。为此，他毫不迟疑地接受了沈万三的捐建。看到这一次受到了朱元璋的表彰，沈万三很高兴，此后常常找各种各样的机会向朱元璋献出金银财宝。朱元璋渐渐地厌烦沈万三，想不明白这个普普通通的老百姓为何拥有这么多财富，因而派人暗中调查沈万三。后来，在马皇后的建议下，朱元璋没有杀沈

万三，但把沈万三发配到偏僻的云南了。

大明刚刚建国时，国库空虚，朱元璋一边在秦淮河边修建青楼妓院，一边大力修筑城防。朱元璋之所以修建妓院，是为了号召有钱人来妓院里花钱，从而增加国家的税收，尽快地让国库变得更加充实。然而，有钱人虽然的确如同朱元璋所设想的那样把钱都送到妓院里了，但是官员也受到吸引，经常光顾妓院，因而产生了及时享乐的腐化思想。又因为朱元璋只给官员们很少的俸禄，所以官员们就必须想方设法聚敛钱财，才能去妓院里消费，这样一来，妓院的盛行反而加剧了官员们贪污受贿的行为。

刚开始的时候，朱元璋还能温和地对待贪污腐败的问题。随着贪污腐败的现象越来越严重，朱元璋的手段和措施也越来越严厉。哪怕是开国功臣出现了贪污现象，他也绝不留情，严厉惩治。除此之外，对待亲人的贪赃枉法行为，朱元璋也决不姑息，而是严格按照法律规定惩治。

朱元璋的三女儿安庆公主嫁给了欧阳伦。欧阳伦是进士出身，担任驸马都尉。他不但英俊潇洒，而且才华横溢，所以朱元璋很喜欢他。娶了公主之后，欧阳伦对待公主非常温柔，百般体贴，与公主恩恩爱爱，所以和公主的感情也很深。然而，他自恃是皇亲国戚，生活越来越奢靡和腐化。很

快，地方官员就向朱元璋揭发了欧阳伦。朱元璋查明真相后勃然大怒，既不念翁婿之情，也不顾安庆公主为丈夫求情，依法处死了驸马。他当然知道一旦处死驸马，爱女安庆公主就会成为寡妇，孤独地度过后半生。马皇后只生了两个女儿，其中之一就是安庆公主。然而，他更知道王子犯法，与庶民同罪的道理。如果这一次他放过了驸马，那么将来就难以服众，更无法义正词严地治国理家。为此，他下定决心处死了驸马欧阳伦，并且处死了其他相关的人。

朱元璋虽然对贪污腐败的现象深恶痛绝，并且在十几年的时间里严惩不贷，却并没有有效地改变官员们贪污腐败的作风。在明初的官场上，很多旧有的坏习气依然肆意蔓延。看到官场上的情形如此严重，朱元璋只得采取更多的措施，从各个方面对官员进行管制和监督。有一点是毫无疑问的，那就是朱元璋加大了对贪腐的处罚力度，也采取了更为严厉的手段对贪官污吏进行惩治。不得不说，朱元璋研制的很多酷刑使人触目惊心，尤其是他在惩治那些贪污腐化的人时，还会株连其他人，这就使得反腐涉及的面不断扩大。历史资料显示，洪武年间，十几万官员因为贪污腐败而丢掉了脑袋。

在严厉惩治腐败现象的同时，朱元璋还树立了廉洁的典

型，并且采取了很多措施，奖励廉洁。例如，对奉行廉洁的官员，赐米赐绢，鼓乐开道。奉行廉洁的官员哪怕犯了一些小小的错误，也可以得到赦免。有些官员因为犯错而锒铛入狱，只要有老百姓主动为他们喊冤求情，称赞他廉洁奉公，那么就可以免除罪责。

与此同时，朱元璋还号召官员们互相鼓励，互相检举。如果地方官员揭发了其他官员贪赃枉法的行为，就会得到奖励。例如对于揭发驸马欧阳伦的地方官员，朱元璋就给予了奖励，还派出使臣向其表示慰问。

为了激励更多的官员保持廉洁的作风，朱元璋特别设置了监察官吏的机构。此外，他还广开言路，发动更多的人监督官员的行为举止。朱元璋之所以在午门外设置“登闻鼓”，就是开辟了一条通道，让老百姓随时都能击鼓鸣冤。

诛杀功臣，永绝后患

为了稳固政权，朱元璋采取了很多举措，例如对机构进行改革，把权力集中在自己的手里，采取铁腕手段严惩贪污腐败等。即便如此，朱元璋依然会感到很不安，生怕那些曾经和他出生入死的功臣会夺取大明朝的江山。为此，他曾想要学习宋太祖赵匡胤，剥夺有功之臣的权力，剥夺武将的军权，找个理由杀死他们，这样就再也没有后顾之忧了。然而，大明朝才刚刚建立，西南、西北和东北都在进行战争，一旦他独揽军权，又该由谁四处征战呢？思来想去，他认为自己还不到独揽军权的成熟时机。他每天都盼望着武将在前线能够奋勇杀敌，早日肃清敌人，这样他也就可以高枕无忧地收回军权了。

既然现在还要靠着武将率领大军浴血杀敌，朱元璋就拿起屠刀，对准了文臣。此前，胡惟庸一案牵连人数达到三万多人，朱元璋其实是借此机会彻底肃清了与胡惟庸有牵连

的所有人，也是为了以此警示其他人千万不要步胡惟庸的后尘。

朱元璋一直以来都视李善长为心腹大患，他很清楚不能用对待胡惟庸的方法对待李善长。毕竟李善长是和他一起打天下的开国功臣。因此，他选择了暂时忍气吞声，希望李善长能够领悟到他的用心。洪武二十三年（1390年），已经回到老家颐养天年的李善长还是被卷入了胡惟庸谋反案中。这两件事情使朱元璋下定决心要肃清逆党。就这样，朱元璋开始了一场史无前例的血腥屠杀，他屠杀的都是那些曾经与他一起出生入死的功臣们。

朱元璋决定先对李善长下手。这个时候，李善长已经七十六岁高龄了，考虑到李善长曾经立下赫赫功劳，朱元璋网开一面，给李善长留下全尸。与此同时，他诛杀了李善长全家七十多口人。李善长的儿子李琪，因为娶了临安公主，是驸马都尉，所以才被免除死罪。此时，距离发生胡惟庸谋反案已经十年了，三万多“胡党”又被牵连出来，被大肆诛杀。

朱元璋诛杀了李善长等人，意味着基本铲除了淮西集团文官在朝廷里的势力。消除了文官的隐忧，接下来，朱元璋要对武将下手了。朱元璋要肃反军队，是因为他始终担心武

将居功枉法，对大明朝居心叵测。他认为，和文臣相比，武将带来的危险将会是更加致命的。然而，因为战事不断，他不能当即对武将下手，所以先进行了几次试探。

洪武八年（1375年），朱元璋首先清理了武将德庆侯廖永忠。廖永忠作为骁勇善战的忠臣却惨死，这在朝廷内外引起了很大的反响。在朝廷里，很多人都为廖永忠打抱不平，看到处置一个非淮西嫡系的将军居然激起了众怒，朱元璋赶紧让廖永忠的长子廖权继承了爵位，这才渐渐平息了众怒。此后，朱元璋瞄准了华云龙，可怜的华云龙死在了被押解到京的途中。

朱元璋早就留意到最近两年，蓝玉与太子朱标关系很亲近。他知道太子朱标心地纯良，很担心蓝玉会利用太子朱标。燕王朱棣得知蓝玉曾经和太子就“燕地有天子气”进行过一次深谈，因而一直记恨蓝玉。每次进京朝见朱元璋，燕王朱棣就会大肆宣扬，诋毁蓝玉，这使朱元璋更加猜忌蓝玉。

汤和人情练达，洞察世事，他知道朱元璋的用心，因而找了个机会向朱元璋请辞。朱元璋很高兴汤和主动提出了这个要求，因而当即答应了汤和的请求，解除了汤和兵权。朱元璋还派人在汤和的家乡为汤和修建府邸，汤和就

此告老还乡，颐养天年。正是在这一年，朱元璋赐死李善长。对待汤和，朱元璋则显得很慷慨大方，还赏赐给汤和很多金银。

朱元璋一直绞尽脑汁地思考如何解除武将的兵权，却没想到年仅三十七岁的太子朱标因为感染风寒，一病不起，居然去世了。朱元璋所做的这些事情，都是在为太子朱标扫清障碍，消除隐患，然而，他现在却不得不另选王位的继承人。痛失爱子，六十四岁的朱元璋感到心力交瘁，忍不住当着诸位大臣的面号啕大哭起来。

朱元璋已经六十四岁了，没有太多的时间培养新的王位继承人。为此，他不得不加快速度清理“棘刺”，也更加深入地消除隐患。

后来，朱元璋抓住了蓝玉的一条死罪，将蓝玉凌迟处死，还没收了蓝玉的家产，株连三族。此后，朱元璋开始了大肆清洗，只要查出大臣有罪，就要株连。洪武二十七年（1394年）十一月二十九日，朱元璋设宴请文武百官。他来到宫殿门口，看到有个守卫没有佩戴剑囊。他当即训斥这个守卫，后来得知守卫的父亲是傅友德，顿时怒火中烧，当众狠狠地训斥了傅让。傅友德一向很疼爱儿子，看到儿子被当众训斥，又看到朱元璋丝毫不顾及他的情面，因而当即站起

来想为儿子求情。看到傅友德让自己下不来台，朱元璋居然让傅友德把两个儿子都叫来。现场的气氛顿时剑拔弩张，傅友德看到朱元璋故意刁难他，火冒三丈，当即就要离开。朱元璋看到傅友德的举动，更加生气了，怒吼道："带着你儿子的脑袋来见我吧！"傅友德听到这句话，毫不迟疑地走了出去。片刻之后，他拎来两个儿子的脑袋扔到朱元璋面前，然后拔剑自刎。

朱元璋万万没想到傅友德居然敢这么做，要知道，有史以来，傅友德还是第一个敢于对抗他的人。他当即下令将傅友德满门抄斩。看到朱元璋如此对待傅友德，宋国公冯胜知道自己也死期将近了。因为他不但是蓝玉的上级，也是傅友德的上级。在朱元璋打天下的时候，冯胜是非常受器重和仰仗的武将，地位排在徐达和常遇春之后。

就在朱元璋想要铲除冯胜，却一直找不到合理的借口时，冯胜跟小舅子为了争夺家产，产生了矛盾，小舅子诬告冯胜私藏兵器，图谋不轨。就这样，朱元璋先是警告冯胜，后来冯胜就莫名其妙地死在家里了。从始至终，大概有一万五千人受到蓝玉案的牵连。借此机会，朱元璋彻底铲除开国功臣，肃清了朝廷。

朱元璋猜忌心特别重，他一面清洗文武重臣，一面猜忌

文字。正是因为如此，他才下重手迫害了很多文人。在朱元璋和张士诚争夺天下时，张士诚深受文人的喜爱，很多文人都投靠到张士诚麾下。等到张士诚被朱元璋彻底铲除，他们害怕被打击报复，因而隐居在山水之间，寄情于山水。这个时候，朱元璋想要发展文化，因而邀请文人墨客展示才华。这使文人墨客都产生了错觉，误以为他们会得到朱元璋的重用。他们哪里知道，在义无反顾地投入朱元璋麾下之后，等待着他们的将会是文字狱！

自从得知张士诚的名字隐含着嘲讽之意后，朱元璋生怕自己也会被文人捉弄。为此，他命令在所有公文中都禁止使用含有隐晦之意的文字，而使用统一的格式。一旦发现有人用了隐晦的字眼，他就会马上采取措施，严惩不贷。在明朝，很多大臣都因为措辞不当 而遭遇不测，这件事情还牵连到朝鲜国。朝鲜国的国王李成旦向朱元璋进表，在不知情的情况下使用了犯上的字，不但被朱元璋退回了所有的贡物，还被责令交出负责撰写这篇文章的人。

朱元璋为何会对文字如此敏感呢？是因为他非常自卑，始终认为人们会把挖苦嘲笑的意思都隐含在文字中。哪怕写文章的人心怀坦荡，他也会说出自己的怀疑，就是怕那些文人学士欺负他没文化。对于朱元璋的文字狱，历史上也有不同的解读，一些观点认为朱元璋是故意找借口大兴文字狱，从而达到排除异己的目的。这与他诛杀勋臣的行为是出于同样的初心。我们无从知道朱元璋真实的想法，但是从稳固帝王之位的角度来看，朱元璋很有可能的确是出于这样的心理。

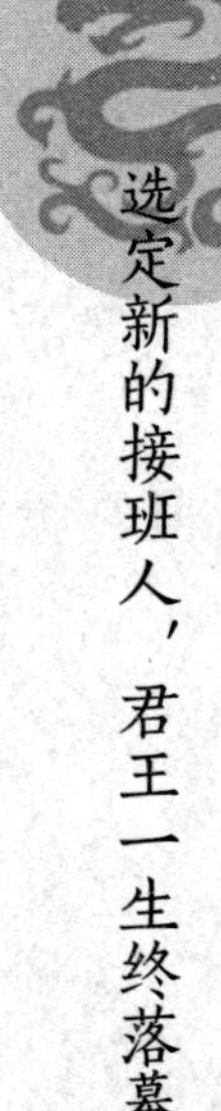

第八章 选定新的接班人，君王一生终落幕

封建社会的基本特色就是家天下。朱元璋之所以对那些和他一起出生入死的文武大臣大开杀戒，正是为了保证朱家的天下能够长长久久，绝不易主。刘基一生尽心竭力辅佐朱元璋，后来因病早早去世，也算得到善终。如果他活得更久一些，看到朱元璋后来对待功臣所采取的举措，真不知道要作何感想。

朱元璋一生之中，生了十六个女儿和二十六个儿子，可谓子女众多。朱元璋是凭借自己的力量开创大明朝的。在建功立业的后期，他才得到了侄甥辈的辅助。在建功立业的前期，他独自闯天下，没有得到家族的任何助力。为此，他把自己辛苦打下来的江山看得无比重要，他决不允许任何人打朱家江山的主意。

在治理国家的过程中，朱元璋常常陷入矛盾的心态。一方面，他希望下臣能够积极进谏，知无不言，言无不尽。但是当下臣真的对他直言进谏时，他又会勃然大怒，治直言进谏者的罪。为此，官员避免当着朱元璋的面讨论藩王问题，从而争取自保。

太子朱标奉朱元璋之命巡视陕西，燕王朱棣对此非常关

注，秦王朱樉也因此而深感不安。原来，陕西是秦王朱樉的封地，倘若大明朝真的把国都搬到陕西，那么秦王朱樉就没有封地了。听说秦王朱樉满怀怨言，朱元璋当即召秦王朱樉回到京城，并且幽禁了秦王朱樉。得知朱元璋幽禁了秦王朱樉，太子朱标哭着为朱樉求情。朱元璋肯定了朱标的办事能力，心怀忐忑地放了秦王朱樉返回长安。

对于应该让哪个儿子继承王位，朱元璋始终非常苦恼。他知道燕王朱棣最“贤能”，最适合继承王位，但是又担心废长立贤会导致朝廷动乱。而且，燕王朱棣不是嫡生，无论从哪个方面排序，都轮不到他继承王位。朱元璋知道，一旦因为太子之位引起争斗，他的儿子们就有可能手足相残。因而，他绝对不能开“立贤”的先河。

太子朱标有五个儿子，嫡长子夭折了，次子朱允炆，在朱元璋的诸多孙子中排行第三。朱标因病去世后，朱元璋为了避免其他儿子对太子之位怀有觊觎之心，因而当即按照嫡长制的继承原则，诏立朱允炆为皇太孙，继承皇位。真正做了这件事情之后，想到朱允炆只有十六岁，朱元璋更加忐忑不安。朱允炆的性格和朱标非常相像，宽厚有余，刚强不足。朱元璋只好加紧速度培养朱允炆，另外，他还竭尽全力为朱允炆将来顺利登基清除障碍。此外，他还精心挑选了一

批饱学之士，现在教朱允炆学习知识，将来辅佐朱允炆处理朝政。朱允炆有一点不像父亲朱标。那就是朱标常常表现出与朱元璋意见相左，朱允炆却对朱元璋言听计从。从某种意义上来说，这给了朱元璋一点点安慰。

对于燕王朱棣，朱元璋也寄予厚望。他希望朱棣能向周公学习，负责防守边疆，安抚百姓，让朱允炆继承皇位后没有后顾之忧。正是因为如此，他给了燕王很大的权力，使得燕王的兵马越来越强。最重要的是，燕王驻守燕京，燕京是元朝的遗都。燕王驻守在元朝廷曾经的都城里，怎能不想取代朱允炆呢？朱元璋想方设法维持太平盛世，却不知不觉间使大明的未来更加动荡。

太子朱标猝不及防的去世使朱元璋承受着沉重的丧子之痛。作为开国之君，他历经无数风雨，承受无数磨难，所以虽然伤心欲绝，他却始终坚持处理好朝政。在一生之中，朱元璋不管是衣食无着的幼年时期，戎马征战的中年时期，还是在身居帝位的老年时期，始终没有放纵自己过奢靡的生活。他坚持艰苦朴素的作风，勤政爱民，励精图治，所以才能在废墟之上建立大明王朝。

很多人误以为皇帝的生活一定是非常奢华，安逸舒适的。其实，朱元璋的生活比老百姓的生活更加辛苦。每天清

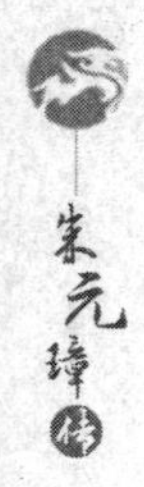

晨，天还没亮，朱元璋就早早起床处理朝政，一直要到结束早朝之后才能吃早餐。随后，他要伏案疾书，批阅奏章，或者积极地学习各种知识。上午的工作结束后，到了下午，他依然要批阅奏章，或者接待那些进宫面圣的官员，处理各种繁杂的事务。如此一天下来，他要到夕阳西下的时候才能结束繁重的工作，回到宫里休息。即便进入寝宫准备休息，或者是在吃饭的时候，他也会随时写下自己想起来的很多问题。夜幕降临时分，朱元璋终于得以躺在床上休息了，但是他还在不停地思考家事、国事、天下事。

朱元璋在位期间始终勤于政事，的确做出了一些对国家、对老百姓都大有裨益的事情。因为长年累月地操劳，始终透支精力从事紧张的工作，他的健康状态急速恶化。最糟糕的是，他的命运是很悲惨的，经历了人生的三大不幸：少年时期，他父母双亡；中年时期，他失去了心爱的马皇后；晚年时期，他寄予厚望的太子朱标因病去世，使他在承受丧子之痛时还面临着精心谋划的政局被全盘打乱的尴尬境遇。很多大臣从未看到过朱元璋落泪，却在太子朱标去世的时候，看到朱元璋哀伤痛哭。

后来，朱元璋意识到自己当年大肆诛杀功臣是错误的。因而在洪武二十九年（1396年），朱元璋把两千多名武臣召

到京师，给予他们赏赐，从而让他们拥有幸福的晚年生活。这说明杀戮结束了，朱元璋不想再继续刑罚过重的错误。历朝历代，严厉的惩罚措施都只会失去臣心和民心，而不能让君王真正安抚天下。所以朱元璋意识到自己既要为子孙后代打下江山，也要为子孙后代保住江山。

五月初八，七十岁高龄的朱元璋生病了。他预感到自己的生命即将结束，因而提笔拟写遗书。太孙朱允炆日夜守护着他，他头脑清醒，依然在为大明朝操心。想到虽然秦王和晋王都已经去世了，但是他另外的二十个儿子依然可以守卫边关，他深感慰藉。但是，想到皇太孙朱允炆是那么文弱和年幼，他又心怀忐忑。为了保证京城安定，他在遗诏中禁止诸王赴京，只要在他们的封地悼念即可。正是因为他安排好了每一件事情，朱允炆才得以顺利地登上皇位。

当年，五月是闰月，在闰五月初十，七十岁的朱元璋终于心有不甘地离开了人世。他被葬于孝陵。他的嫔妃都为他陪葬，只有张美人因为要抚养年仅四岁的女儿，得以存活。闰五月十六日，皇太孙朱允炆登上皇位，按照朱元璋的嘱咐，对朱元璋生前为他精心挑选出来的大臣委以重任。

参考文献

[1]刘屹松.朱元璋传[M].武汉：华中科技大学出版社，2019.

[2]吴晗.朱元璋：一本书读懂布衣天子草根逆袭的传奇人生[M].北京：中国友谊出版社，2020.

[3]陈梧桐.朱元璋传[M].郑州：河南文艺出版社，2017.